CORPS LÉGISLATIF.

CONSEIL DES CINQ-CENTS.

ÉTAT

DES JUGEMENS DE CASSATION

Rendus depuis le premier Germinal de l'an troisième jusqu'au 30 Ventôse de l'an quatrième,

Présenté au Conseil des Cinq-Cents le 7 Prairial, l'an 4 de la République française,

Précédé de l'Extrait du Procès-verbal du Conseil des Cinq-Cents, ledit jour, et du Discours des membres du tribunal.

A PARIS,

DE L'IMPRIMERIE NATIONALE.

Prairial, an IV.

EXTRAIT *du procès-verbal des séances du Conseil des Cinq-Cents, du 7 prairial, l'an quatrième de la République française, une et indivisible.*

UNE députation du tribunal de Cassation est admise à la barre; elle apporte, conformément à l'art. 257 de la Constitution, l'état des jugemens rendus par ce tribunal pendant l'année dernière, dont le résultat donne le total de 2,679 jugemens rendus depuis le premier germinal de l'an 3 jusqu'au 30 ventôse dernier.

L'orateur de la députation exprime au Conseil l'attachement des membres du tribunal de Cassation à la Constitution, à leurs devoirs, à la loi. C'est par vous, législateurs, ajoute l'orateur, que notre carrière est tracée; nos efforts pour atteindre le but ont reçu leur récompense si nous avons mérité l'estime des hommes probes, la bienveillance des vrais amis de la République, les suffrages du Corps législatif.

Le président ayant répondu à la députation, un membre observe que le compte rendu au Corps législatif par le tribunal de Cassation, n'étant ni un vain cérémonial, ni un compte matériel, et pour ainsi dire arithmétique, doit être non-seulement un monument des travaux du tribunal, qu'il doit encore être une source de lumières pour le législateur. Les lois qui lui font de ce compte un devoir, prescrivent aussi à ce tribunal l'obligation d'exposer sommairement les principales difficultés qu'il a pu rencontrer dans l'exercice journalier de ses fonctions et dans l'application des lois, pour jeter sur le tableau offert par le tribunal l'honorable et utile lumière d'une instructive publicité. L'opinant propose que le compte rendu soit imprimé et distribué aux membres des deux Conseils.

Cette proposition, mise aux voix, est adoptée.

Collationné à l'original par nous président et secrétaires du Conseil des Cinq-Cents.

A Paris, le 9 prairial, an quatrième de la République française, une et indivisible.

Signé, DEFERMON, *président*; PELET (de la Lozère), ESCHASSERIAUX aîné, P. M. DELAUNAY, *secrétaires*.

CITOYENS-REPRÉSENTANS,

En vous apportant, au nom du tribunal de Cassation, l'état des jugemens qu'il a rendus pendant l'année dernière, nous exécutons l'art. 257 de l'Acte constitutionnel.

Depuis le premier germinal de l'an 3 jusqu'au 30 ventôse dernier, la section des mémoires en a admis 484 ; elle en a rejeté 438 ; elle a ordonné 68 réglemens de juges ; elle a prononcé 519 interlocutoires, sursis, ou n'y a lieu de statuer.

La section civile a prononcé 190 cassations ; elle a rejeté 94 mémoires ; elle a ordonné 47 interlocutoires, sursis et référés, et 58 rejections pour n'y avoir lieu de statuer.

La section criminelle a prononcé 247 cassations ; elle a rejeté 500 demandes ; elle a ordonné 94 interlocutoires, déchéances, n'y a lieu de statuer ou référés.

En tout, 2,679 jugemens.

CITOYENS,

Il est beau pour des magistrats fidèles, le jour où le compte de ce qu'ils ont fait leur est demandé. Voilà le nôtre : nous le rendons à vous, au peuple, à la loi. Nous attachons ce gage de notre zèle au berceau de la République ; couvert des trophées de la victoire, ceux de la justice doivent le parer encore.

Cette députation, cet état, ces cahiers que la Constitution a ordonnés ne sont pas un vain cérémonial ; ils renferment l'hommage des magistrats au peuple et des jugemens à la loi.

Préposés à la garde des canaux qui versent l'influence de la justice, nous venons aujourd'hui en reconnoître la source.

Citoyens, c'est par vous que notre carrière est tracée. Nos efforts pour atteindre le but ont reçu leur récompense, si nous avons mérité l'estime des hommes probes, la bienveillance des vrais amis de la République, les suffrages du Corps législatif.

Les députés du tribunal de Cassation, CHABROUD, GIRAUDET, BRUN, PAJON, VIELLART, BAILLY, COFFINHAL, BAZENERYE.

É T A T (*)
DES JUGEMENS DE CASSATION.

MATIÈRES CRIMINELLES.

PREMIÈRE PARTIE.

Nº. I. Du premier germinal, an 3.

Annullation de la déclaration des jurés de jugement et du jugement du tribunal de la Somme, du 19 pluviôse, sur la demande de Joséphine Guerard.

NOTICE ET MOTIFS.

Il s'agissoit de vol dans l'acte d'accusation, et la déclaration du juré de jugement portoit de plus sur un bris de scellés.

Contravention à l'article 37, titre 7, loi de septembre 1791, qui porte « que le juré ne pourra donner de déclaration sur un » délit qui ne seroit pas porté dans l'acte d'accusation. »

Nº. II. Du 2 germinal.

Annullation de la déclaration du juré de jugement et du jugement du tribunal du Calvados, du 23 pluviôse.

NOTICE ET MOTIFS.

Il s'agissoit de vol commis dans un cabaret où l'accusé étoit reçu pour boire et manger ; ce qui étoit énoncé dans l'acte d'accusation, et omis dans la déclaration du juré de jugement.

Contravention à l'article 2 de la loi du premier brumaire an 2, selon lequel il y a nullité, « lorsque les jurés ont prononcé sur

---

A 3

» d'autres délits que ceux portés dans l'acte d'accusation, ou
» qu'ils ont omis de prononcer sur quelques-uns de ceux qui y
» sont portés. »

Nº. III. Du 7 germinal.

Annullation, sur la demande d'Etienne Bonnefoi, de la déclaration du juré et du jugement du tribunal. . . . . . du 23 pluviôse.

NOTICE ET MOTIFS.

Il s'agissoit d'homicide qualifié assassinat par l'acte d'accusation.

La déclaration du juré n'énonçoit pas qu'il y eût eu préméditation.

Contravention à l'article 21, titre 7, loi de septembre 1791, qui porte : « que le président posera les questions relatives à » l'intention. »

Et la déclaration du juré n'étoit pas conforme à l'acte d'accusation.

Même contravention qu'aux numéros I et II.

Nº. IV. Du 8 germinal.

Annullation, sur la demande de François Moyer, de la déclaration des jurés et du jugement du tribunal d'Indre-et-Loire, du 16 pluviôse.

NOTICE ET MOTIFS.

Il s'agissoit de vol dont l'accusé avoit été déclaré complice, sans énonciation des faits de complicité.

Contravention à l'article 24, titre 7 de la loi de 1791, et à l'article 1, titre 3, page 2, du code pénal, dont il résulte qu'il faut *déclaration sur le fait*, et que la complicité consiste à avoir *provoqué*, procuré les moyens, aidé ou assisté.

Nº. V. Du 9 germinal.

Annullation de l'interrogatoire, acte d'accusation, procédure ensuivie, et jugement du tribunal de la Sarthe, du 15 ventôse, sur la demande de Pierre Touchard.

NOTICE ET MOTIFS.

Il s'agissoit de la fabrication d'un faux passe-port.

L'interrogatoire constatoit que Touchard avoit été interpellé de fabriquer de sa main deux pièces, ensuite jointes au procès.

Contravention à l'article 13, titre 13 de la loi de 1791, qui

veut « que l'accusé ne puisse être contraint à produire ou fabri-
» quer aucune pièce. »

Il n'étoit pas dit dans la déclaration du juré que le faux eût
été commis *à dessein de nuire à autrui.*

Contravention à l'article 41, section 2 titre 2, du code pénal,
qui caractérise par là le crime de faux.

N°. VI. Du 15 germinal.

*Annullation, sur la demande d'André Gase, de la déclaration
de jurés et du jugement du tribunal de Haute-Garonne, du
19 pluviôse.*

NOTICE ET MOTIFS.

Il s'agissoit d'homicide, il n'avoit été posé aucune question affir-
mative et formelle sur l'intention.

Contravention à la loi du 14 vendémiaire, qui exige que la question intentionnelle soit posée formellement

Et fausse application de la peine de mort, puisqu'il ne restoit
qu'un simple meurtre.

N°. VII. Du 16 germinal.

*Annullation, sur la demande de Michel Hermann, de la décla-
ration du juré et du jugement du tribunal du Bas-Rhin, du
16 ventôse.*

NOTICE ET MOTIFS.

Il s'agissoit d'homicide : la question sur l'intention n'avoit pas
été posée en termes affirmatifs et formels.

Contravention à l'article 26, titre 7 de la loi de septembre
1791, selon lequel il doit être fait *une question relative à
l'intention;*

Et à la loi du 14 vendémiaire, an 3, qui veut que « dans toutes
» les affaires les présidens soient tenus de poser la question re-
» lative à l'intention, et les jurés d'y prononcer par une déclara-
» tion formelle et distincte. »

N°. VIII. Du 21 germinal.

*Annullation, sur la demande de Marguerite Fouque, de la dé-
claration du juré et du jugement du tribunal de la Seine-
Inférieure, du 18 vendémiaire.*

NOTICE ET MOTIFS.

Il s'agissoit de plusieurs délits énoncés dans l'acte d'accusation,
dont deux avoient été omis dans la déclaration de jurés.

Même contravention qu'aux nos. I et II.

No. IX. Du 23 germinal.

*Annullation, sur la demande de la veuve Bachelet, de la dé-
claration de jurés et du jugement du tribunal du Nord, du
18 ventose.*

NOTICE ET MOTIFS.

Il s'agissoit de complicité de vol; la déclaration des jurés con-
fondoit le fait et l'intention.

Contravention aux articles 20 et 21, loi de septembre 1791,
qui veulent : 1°. déclaration *si le fait est constant*; 2°. *si l'accusé est convaincu*; 3°. *de l'intention.*

A l'article 16, « qui exige encore la déclaration *sur l'inten-
» tion* »; et à la loi du 14 vendémiaire, « qui veut aussi qu'il y
» ait toujours position de la *question relative à l'intention.* »

No. X. Du 23 germinal.

*Annullation du débat et jugement du tribunal de la Haute-
Loire, du 16 ventose, sur la demande de la veuve Raulin.*

NOTICE ET MOTIFS.

L'acte d'accusation portoit sur un vol de vin commis à l'aide
d'une fausse clef. Dans la déclaration du juré, il n'étoit énoncé
qu'une tentation de vol, que nulle loi ne punit; objet sur lequel
un décret du 18 avril 1793 avoit ordonné qu'il seroit fait un
rapport.

No. XI. Du 23 germinal.

*Annullation, sur réquisitoire du commissaire national, du juge-
ment de police correctionnelle du canton des Essarts, du
25 frimaire.*

NOTICE ET MOTIFS.

Le juge-de-paix avoit fait citer devant lui le maire et un officier municipal, et l'agent de la commune de Mainçourt, parce
qu'ils n'avoient point répondu d'une manière satisfaisante à une
lettre qu'il leur avoit écrite; et ils avoient été condamnés à une
amende, sous le prétexte que la municipalité avoit, par son si-
lence, prolongé la détention d'un détenu.

Excès de pouvoirs et contravention à l'article 13, titre 2 de la
loi du 16 août 1790, qui ne veut pas « que les juges puissent
» citer les administrateurs devant eux, pour raison de leurs fonc-
» tions. »

N°. XII. Du 29 germinal.

Annullation, sur la demande d'Antoine Rais, de la déclaration de jurés et du jugement du tribunal de l'Hérault, du 15 ventose.

NOTICE ET MOTIFS.

Il s'agissoit de vol. L'acte d'accusation énonçoit effraction faite par l'accusé.

La déclaration de jurés ne disoit pas par qui l'effraction avoit été faite.

Même contravention qu'aux numéros I et II.

La peine avoit été appliquée comme si l'effraction eût été déclarée avoir été faite par Rais. « Fausse application de l'article 6, » section 2, titre 2, partie 2 du code pénal sur la peine de l'ef- » fraction commise par l'accusé ou son complice. »

N°. XIII. Du 6 floréal, an 3.

Annullation, sur la demande de Henri Lecourt, la femme Le- guay et les mariés Tinel, de l'acte d'accusation, déclaration de jurés et jugement du tribunal du Calvados, du 18 ventose.

NOTICE ET MOTIFS.

Il s'agissoit de vols faits avec effraction, dont l'acte d'accusa- tion ne disoit ni l'époque ni les circonstances.

Contravention à l'article 15, titre 1, loi de septembre 1791, « qui veut que l'acte d'accusation contienne le fait et toutes les » circonstances. »

La déclaration de jurés énonçoit un vol avec effraction non exprimé dans l'acte d'accusation.

Même contravention qu'aux numéros I et II.

N°. XIV. Du 13 floréal.

Annullation, sur la demande de Blencher, de la déclaration de jurés et du jugement du tribunal de l'Yonne, du 18 germinal.

NOTICE ET MOTIFS.

Il s'agissoit de faux. Il n'avoit été posé aucune question sur l'intention.

Même contravention qu'au n°. 5.

Nº. XV. Du 17 floréal.

Annullation, sur la demande de Jean Couzon, de la déclara-
tion de jurés et du jugement du tribunal des Hautes-Alpes,
du 16 ventôse.

NOTICE ET MOTIFS.

Il s'agissoit de meurtre.

Les jurés avoient omis de répondre à une question posée par le
président.

Contravention à l'article 27, titre 7 de la loi de septembre 1791,
« qui veut, sur chaque question, *une déclaration distincte.* »

Une autre question avoit été complexe, et la complicité non
expliquée.

Contravention à l'article 24, « qui veut que chaque juré donne
» d'abord sa *déclaration sur le fait.* »

Il n'y avoit pas de question intentionnelle.

Même contravention qu'au nº. VII.

Nº. XVI. Du 17 floréal.

Annullation, sur la demande de Duperrier, de la déclaration
de jurés et du jugement du tribunal de Paris, du 17 ger-
minal.

NOTICE ET MOTIFS.

Il s'agissoit de la soustraction d'un sac de farine dans les magasins
de la république.

Selon l'acte d'accusation, Duperrier étoit employé dans les magasins, ce qui n'étoit pas exprimé dans la déclaration de jurés.

Même contravention qu'aux numéros I et II.

Nº. XVII. Du 18 floréal.

Annullation, sur la demande de Bosterelle, de la déclaration
de jurés et du jugement du tribunal des Ardennes, du 16
germinal.

NOTICE ET MOTIFS.

Il s'agissoit de vols, et il avoit été posé une question complexe en ces termes :

« Le vol est-il d'effets d'une valeur de 10 liv. ou au-dessus, ap-
» partenant à la république ? »

Contravention à l'article 27, titre 7, loi de septembre 1791,
qui veut, lorsqu'il y a des circonstances indépendantes, que « le
» président pose séparément les questions diverses. »

N°. XVIII. Du 19 floréal.

Annullation, sur la demande de Colson, de la déclaration de jurés et du jugement du tribunal de la Moselle, du 21 germinal.

NOTICE ET MOTIFS.

Il s'agissoit de vol de poudres de la république.

Il y avoit question complexe : » Si un particulier avoit vendu » à son profit, à différens particuliers, de fortes quantités de pou-» dres volées à la république. »

Même contravention qu'au n°. XVII.

Il n'étoit pas dit que les poudres fussent de valeur de 10 liv., et l'on avoit appliqué la peine relative à cette valeur.

N°. XIX. Du 19 floréal.

Annullation, sur réquisitoire du commissaire exécutif, d'un jugement du tribunal de l'Isle - Jourdain, du 8 frimaire, an 3.

NOTICE ET MOTIFS.

Le jugement avoit annullé une procédure faite par un juge-de-paix en police correctionnelle, et renvoyé l'affaire devant le juge-de-paix *autre que celui qui avoit fait la procédure.*

Excès de pouvoirs, contravention à l'art. 17, tit. 2 de la loi du 24 août 1790, portant : « que l'ordre des jurisdictions ne pourra » être troublé, ni les justiciables distraits de leurs juges natu-» rels par commissions ou attributions. »

N°. XX. Du 24 floréal.

Annullation, sur la demande de Gelin, Fongarnaud et Charou-dière, de la déclaration de jurés et du jugement du tribunal de l'Ailler, du 15 vendémiaire.

NOTICE ET MOTIFS.

Il s'agissoit de vol ; il y avoit déclaration complexe de la conviction du délit et de l'intention.

Contravention à l'art. 26, tit. 7 de la loi de septembre 1791, qui veut une déclaration séparée, *relative à l'intention.*

N°. XXI. Du 7 prairial.

Annullation, sur la demande de Drouet et Roure, d'un jugement du tribunal d'Eure-et-Loir, du 15 frimaire, et de la déclaration du juré.

NOTICE ET MOTIFS.

Il s'agissoit d'homicide.

Les jurés avoient fait des déclarations complexes sur l'homicide commis par les deux accusés, et sur la préméditation des deux.

Même contravention qu'au n°. XVII.

N°. XXII. Du 15 prairial.

Annullation, sur la demande de Guillaume Salasse en cassation, de la déclaration de jurés et du jugement du tribunal du Puy-de-Dôme, du 18 germinal.

NOTICE ET MOTIFS.

Il s'agissoit de vol.

La déclaration de jurés étoit complexe.

Même contravention qu'au n°. XVII.

N°. XXIII. Du 16 prairial.

Annullation, sur la demande de Robin, de la déclaration de jurés et du jugement du tribunal de Paris, du 6 vendémiaire.

NOTICE ET MOTIFS.

Il s'agissoit de deniers prétendus volés à la République par un fonctionnaire.

L'examen avoit été fait par des jurés ordinaires contre la loi du 21 floréal, art. 3, qui vouloit « un juré spécial formé pour chaque » nature d'affaire »; et le §. 4, art. 2 de la loi du premier brumaire, suivant lequel il y a nullité, « lorsqu'il n'a pas été appelé » des jurés spéciaux dans les affaires déterminées par la loi ».

N°. XXIV. Du 21 prairial.

Annullation, sur la demande de Marie Vivet, du débat et du jugement du tribunal de Saone-et-Loire, du 17 floréal.

NOTICE ET MOTIFS.

Il s'agissoit de vols et de complicité.

Il n'y avoit pas explication des faits dans lesquels consistoit la complicité.

Même contravention qu'au n°. IV.

Il y avoit complexité de questions sur le fait d'un vol et l'auteur.

Même contravention qu'au n°. XVII.

Il n'y avoit pas de question sur l'intention.

Même contravention qu'au n°. VII.

N°. XXV. Du 22 prairial.

Annullation, sur la demande des frères Bertrand, du débat et du jugement du tribunal du Tarn, du 16 floréal.

NOTICE ET MOTIFS.

Il s'agissoit de complicité de vol.

Les questions relatives à la conviction et à l'intention avoient été confondues.

Même contravention qu'au n°. XVII.

N°. XXVI. Du 23 prairial.

Annullation, sur la demande de Levieux, de la déclaration de jurés et du jugement du tribunal des Vosges, du 19 messidor an 2.

NOTICE ET MOTIFS.

Il s'agissoit de vols et dilapidations d'effets de la République.

Il n'y avoit pas de déclaration sur l'intention.

Même contravention qu'au n°. VII.

N°. XXVII. Du 27 prairial.

Annullation, sur la demande de Jean-Jacques Chauvin, d'un jugement du tribunal de l'Orne, du 7 floréal.

NOTICE ET MOTIFS.

Chauvin étoit déclaré convaincu de complicité d'abus, vols, vexations et concussions envers des détenus, mais non de complicité des soustractions commises par le concierge; en sorte qu'il y avoit fausse application de la peine de douze ans de fers, prononcée par l'art. 12, tit. 1 du code pénal contre les fonctionnaires publics ou leurs complices, pour soustraction de deniers à eux confiés dans l'exercice de leurs fonctions.

D'ailleurs, Chauvin étoit déclaré convaincu de complicité sans énonciation d'aucune des circonstances dans lesquelles la loi fait consister la complicité.

Même contravention qu'au n°. IV.

N°. XXVIII. Du 28 prairial.

Annullation, sur la demande de Paul Lautier et sa femme, de la déclaration de jurés et du jugement du tribunal de l'Hérault, du 18 germinal.

NOTICE ET MOTIFS.

Lautier étoit accusé d'un vol et d'un outrage envers un officier public dans ses fonctions. Le juré n'avoit fait aucune déclaration sur le second délit.

Même contravention qu'aux numéros I et II.

La déclaration sur le fait du vol et sur la complicité étoit complexe.

Même contravention qu'au n°. XVII.

Le vol avoit été fait avec effraction extérieure; la peine étoit de douze années de fers, savoir, huit portées par l'art. 6, tit. 2, partie 2 du code pénal, pour le vol commis à l'aide d'effraction; et quatre portées par l'art. 7 pour l'effraction *aux portes et clôtures extérieures*, et pour *le délit commis dans une maison servant à l'habitation*.

N°. XXIX. Du 28 prairial.

Annullation, sur la demande de Julien Paillet, de la déclaration de jurés et du jugement du tribunal de Saone et Loire, du 15 floréal.

NOTICE ET MOTIFS.

Il s'agissoit d'attentats prétendus contre la représentation nationale et contre les personnes et les propriétés.

Paillet étoit déclaré convaincu d'être l'auteur d'une chanson, et de l'avoir fait méchamment dans l'intention de provoquer au meurtre; mais il n'avoit pas été déclaré que *le délit eût, ou non, suivi la provocation*, selon les termes de la loi du 29 mars 1792.

N°. XXX. Du 28 prairial.

Annullation, sur la demande de Truel, de l'acte d'accusation dressé par l'accusateur public près le tribunal de l'Hérault, le premier pluviôse, et de tout ce qui a suivi.

NOTICE ET MOTIFS.

Les faits de prévarication imputés à Truel n'étoient pas expliqués.

Contravention aux art. 5 et 15, tit. 1 de la loi de septembre 1791, qui veulent qu'il n'y ait actes d'accusation que *pour délits emportant peine afflictive ou infamante*, et que les actes d'accusation expriment *les faits et leurs circonstances*, la *désignation claire de ceux qui en sont l'objet*, et de la *nature des délits*.

N°. XXXI. Du 29 prairial.

Annullation, sur la demande de Beaulieu, de la déclaration de jurés et du jugement du tribunal d'Indre-et-Loire, du 2 dudit.

NOTICE ET MOTIFS.

La position de la première question sur le fait n'énuméroit pas des délits, et énonçoit vaguement des manœuvres et malversations.

Même contravention qu'au n°. XVII.

Il n'y avoit pas de déclaration précise sur l'intention.

Même contravention qu'au n°. VII.

N°. XXXII. Du 29 prairial.

Annullation, sur la demande des frères et sœur Rhones, de la déclaration de jurés et du jugement du tribunal du Puy-de-Dôme, du 18 floréal.

NOTICE ET MOTIFS.

Les condamnés avoient été complexement déclarés convaincus d'être auteurs ou complices de l'enlèvement d'une vache, en aidant ou assistant les coupables, soit en recevant, achetant ou recelant, etc.

Même contravention qu'aux n°s. VII et XVII.

N°. XXXIII. Du 4 messidor, an 3.

Annullation, sur la demande de René Laborier, de la déclaration du juré de jugement, par suite du jugement contre lui rendu par le tribunal criminel du département de Saone-et-Loire, le 19 floréal précédent.

NOTICE ET MOTIFS.

Il s'agissoit de vol. La déclaration du juré portoit cumulativement sur l'auteur et sur l'intention.

Contravention aux art. 19, tit. 7 de la loi du 16 septembre 1791, 24 et 26 du même titre, qui exigent des questions séparées sur *le fait*, *l'auteur* et *l'intention*.

De plus, même contravention qu'au n°. VII.

N°. XXXIV. Du 4 messidor.

Annullation, sur la demande de Louis Brasseur, de l'acte d'accusation et tout ce qui s'en est ensuivi, spécialement du jugemens contre lui rendu par le tribunal criminel du département de l'Orne, le 16 floréal précédent.

NOTICE ET MOTIFS.

L'acte d'accusation ne présentoit qu'un vol simple, sans aucun des caractères signalés par le code pénal.

Contravention à l'art. 5 du tit. 1 de la loi du 16 septembre 1791, portant : « aucun acte d'accusation ne pourra être présenté » au juré que pour un délit emportant peine afflictive ou infa- » mante ».

2°. Quoique la déclaration du juré ne constatât qu'un vol commis dans un pressoir faisant partie d'une maison, on avoit néanmoins appliqué la peine portée par l'art. 26, tit. 2, section 2 du code pénal.

Fausse application de cet article, qui porte : « tout vol commis » dans un terrein clos et fermé, si ledit terrein ne tient pas im- » médiatement à une maison habitée, sera puni de quatre années » de détention ; la peine sera de six années de détention si le crime » a été commis la nuit ».

N°. XXXV.

N°. XXXV. Du 4 messidor.

Annullation, sur la demande de Marie Perreau, de la déclaration du juré de jugement, par suite et spécialement du jugement contre elle rendu par le tribunal criminel du département de la Nièvre, du 17 floréal précédent.

NOTICE ET MOTIFS.

Il s'agissoit d'homicide. Le juré avoit prononcé cumulativement sur le fait et sur l'auteur.

On a appliqué la peine de mort, quoique le juré n'eût pas constaté la préméditation.

Fausse application de l'art. 2 de la première section du titre 2 du code pénal, portant : « L'homicide commis avec préméditation » sera qualifié assassinat et puni de mort. »

N°. XXXVI. Du 5 messidor.

Annullation, sur la demande de Meyrel, de la déclaration du juré de jugement, et par suite du jugement contre lui rendu par le tribunal criminel du département des Hautes-Alpes, le 15 floréal précédent.

NOTICE ET MOTIFS.

Il s'agissoit de vol. Il n'avoit été posé ni résolu aucune question intentionelle.

Même contravention qu'au n°. VII.

N°. XXXVII. Du 5 messidor.

Annullation, sur la demande de Jacques Pelet, de deux actes d'accusation, de la déclaration du juré de jugement, et du jugement contre lui rendu par le tribunal criminel du département de la Somme, du 5 floréal précédent.

NOTICE ET MOTIFS.

Les actes d'accusation ne présentoient qu'une simple énonciation d'une foule de délits, sans en particulariser ni circonstancier aucun.

Même contravention qu'au n°. XIII.

2°. Ces actes d'accusation présentoient entre autres délits le crime de faux et de concussion, et cependant le juré avoit été ordinaire et non spécial.

Contravention à l'article 3 du titre 12 de la même loi, portant

« L'acte d'accusation, ainsi que l'examen de l'affaire, seront pré-
» sentés à des jurés spéciaux d'accusation et de jugement. »

Et à la loi du premier brumaire an 2, portant : « Qu'il y a
» nullité lorsqu'il n'a pas été appelé des jurés spéciaux dans les
» affaires déterminées par la loi. »

3°. La déclaration des jurés porte sur une foule de délits non
compris en l'acte d'accusation, et omet de prononcer sur quelques-
uns de ceux qui y sont portés.

Contravention à ladite loi du premier brumaire, portant : « Il y
» a nullité lorsque, etc. comme au n°. I.

4°. On a appliqué la peine de vingt années de fers, quoiqu'il
ne fût pas question de pouvoirs continués après la révocation.

Fausse application du paragraphe 7 de la loi du 23 ventôse
an 2, portant : « Les autorités constituées ne peuvent déléguer
» leurs pouvoirs ; elles ne peuvent envoyer aucun commissaire au
» dedans, ni au dehors, sans l'autorisation expresse du comité de
» salut public ; les pouvoirs ou commissions qu'elles peuvent
» avoir donnés jusqu'à ce moment, sont annulés dès à présent.
» Ceux qui, après la promulgation du présent décret, oseroient
» en continuer l'exercice, seront punis de vingt années de fers. »

N°. XXXVIII. Du 6 messidor.

*Annullation, sur la demande de Charles Roux, du jugement
rendu contre lui par le tribunal criminel du département de la
Drôme, le 21 messidor an 3.*

NOTICE ET MOTIFS.

Ce jugement avoit appliqué des peines prononcées par la loi
révolutionnaire du 14 frimaire an 2, quoique le délit en question
fût antérieur à cette loi, dont il y avoit fausse application.

N°. XXXIX. Du 6 messidor.

*Annullation, sur la demande d'Ysabeau Janet, du jugement
contre lui rendu par le tribunal criminel du département de la
Gironde, le 15 floréal précédent.*

NOTICE ET MOTIFS.

La déclaration du juré portoit qu'il étoit complice du vol, mais
qu'il ne l'avoit pas fait dans l'intention de voler ; et cependant au
lieu de l'acquitter, on avoit prononcé contre lui une peine correctionnelle.

Contravention aux articles I et II du titre VIII de la loi du 16
septembre 1791, portant :

Art. Ier. « Lorsque l'accusé aura été déclaré non convaincu, le
» président prononcera qu'il est acquitté de l'accusation, et or-
» donnera qu'il soit mis sur-le-champ en liberté. »

Art. II. « Il en sera de même, si les jurés ont déclaré que le
» fait a été commis involontairement. »

Fausse application de l'art. 32 du titre 8, portant : « Le tri-
» bunal criminel sera également compétent pour prononcer les
» punitions correctionnelles résultantes des procès portés devant
» lui. »

<h2 align="center">N°. XL. Du 11 messidor.</h2>

*Annullation, sur la demande d'Etienne Ruffier, de la déclaration
du juré de jugemens, et par suite du jugement contre lui rendu
par le tribunal criminel du département de Vaucluse, le 18
ventôse précédent.*

<h3 align="center">N O T I C E   E T   M O T I F s.</h3>

1°. L'affaire avoit été jugée révolutionnairement, et cependant
le juré n'avoit pas été spécial, et étoit composé de douze membres.

Contravention à l'art. 5 de la loi du 21 floréal an 2, portant :
» Les délits mentionnés, tant dans les articles précédens, que
» dans les lois des 7 et 30 frimaire, seront jugés par un juré
» spécial qui sera formé pour chaque nature d'affaire, suivant le
» mode déterminé par le paragraphe 4 de la loi du 2 nivôse. »

A la loi du 17 ventôse an 2, portant, art. I : « Dans les procès
» dont l'examen s'ouvrira après la publication du présent décret,
» soit au tribunal révolutionnaire, soit pardevant les tribunaux
» criminels, dans les cas prévus par les lois des 7 et 30 frimaire,
» il ne pourra être procédé que par *onze jurés* à la déclaration des
» faits imputés à l'accusé. »

A la loi du premier brumaire an 2, portant : « Qu'il y a nullité
» lorsqu'il n'a pas été appelé des jurés spéciaux dans les affaires
» déterminées par la loi, et lorsque le nombre des jurés requis
» par la loi n'a pas été complet. »

2°. La déclaration des jurés ne portoit pas sur tous les délits
compris en l'acte d'accusation.

Même contravention qu'aux n°* I et II.

3°. Il n'avoit été posé ni résolu aucune question intentionnelle.

Même contravention qu'au n°. VII.

4°. Le juré avoit répondu cumulativement sur le fait et sur
l'auteur.

Même contravention qu'au n°. XVII.

5°. Le jugement avoit appliqué la peine portée par la loi

du 14 frimaire, quoique cette loi fût postérieure au délit, et par conséquent non applicable.

N°. XLI. Du 11 messidor.

Annullation, sur la demande de Vincent Tissot, de la déclaration du juré de jugement, et par suite du jugement contre lui rendu par le tribunal criminel du département d'Indre-et-Loire, du 5 floréal précédent.

NOTICE ET MOTIFS.

La loi révolutionnaire du 14 frimaire an 2 établit des peines différentes pour les fonctionnaires infracteurs qui reçoivent traitement, et ceux qui n'en reçoivent pas. Dans l'espèce il s'agissoit d'infraction à la loi : les jurés n'avoient pas déclaré qu'il reçût traitement ; mais les juges l'avoient constaté par induction, ce qui étoit de leur part entreprendre sur les fonctions de jurés.

Même contravention qu'au n°. XVII.

N°. XLII. Du 12 messidor.

Annullation, sur la demande de Vaudrachelat, de la déclaration du juré de jugement, et par suite du jugement contre lui rendu par le tribunal criminel du département des Ardennes, le . . . . .

NOTICE ET MOTIFS.

Il s'agissoit d'un vol de quatre fagots. La question intentionnelle est ainsi portée : « Le fait constitue-t il un vol ? » ce qui ne remplit point du tout le vœu de la loi.

Même contravention qu'au n°. VII.

N°. XLIII. Du 12 messidor.

Annullation, sur la demande de Claude Palliange et autres, de la déclaration du juré de jugement, et du jugement contre eux rendu par le tribunal criminel du département de la Nièvre, le 18 floréal précédent.

NOTICE ET MOTIFS.

Il s'agissoit de pillage de grains : la déclaration porte en même temps sur le délit et sur une circonstance indépendante pénale.

Même contravention qu'au n°. XVII.

Nº. XLIV. Du 17 messidor.

Annullation, sur la demande de Touquelain et autres, de la déclaration du juré de jugement, et du jugement contre eux rendu par le tribunal criminel du département de Seine-et-Oise, du 17 floréal précédent.

NOTICE ET MOTIFS.

Il s'agissoit d'homicide.

Il n'avoit été posé ni résolu aucune question sur la préméditation, quoique résultante de l'acte d'accusation.

Même contravention qu'aux nºˢ. I, II et VII.

Nº. XLV. Du 17 messidor.

Annullation, sur la demande de Nicolas-Joseph Brisson, du jugement contre lui rendu par le tribunal criminel du département de la Gironde, du 2 ventôse précédent, et de toute la procédure faite en conséquence.

NOTICE ET MOTIFS.

Ce jugement, en annullant une procédure commencée dans la forme ordinaire pour un délit ordinaire, porte : « Qu'elle sera » faite dans la forme révolutionnaire, quoique l'accusé ne fût ni » fonctionnaire public, ni autrement compris dans la nomenclature » de l'art. 10 de la loi du 19 floréal, an 2. »

Fausse application de cet article, qui porte : « Les officiers » municipaux, les administrateurs de département et de district, » les agens et commissaires nationaux, et tous les autres fonction- » naires publics compris dans la section 5 de la loi du 14 frimaire » (les militaires exceptés), qui seront prévenus de négligence, » ou de délits non contre-révolutionnaires, seront jugés par le » tribunal criminel où ils sont employés; il sera procédé à leur » égard dans la forme prescrite par la loi du 30 frimaire. »

Nº. XLVI. Du 17 messidor.

Annullation, sur la demande d'Etienne Mesplé, de la déclaration du juré de jugement, et du jugement contre lui rendu révolutionnairement par le tribunal criminel du département de la Gironde, du 5 prairial précédent.

NOTICE ET MOTIFS.

L'acte d'accusation présentoit une infraction à la loi par un fonctionnaire public salarié; mais la déclaration du juré ne s'est point expliquée sur cette circonstance caractéristique du délit, et cependant on a appliqué la peine portée par l'article 8, section 5 de la loi du 14 frimaire, an 2.

Même contravention qu'aux nos. I et II.

Fausse application de l'article cité de la loi du 14 frimaire, qui porte : « Toute infraction à la loi, toute prévarication, tout
» abus d'autorité commis par un fonctionnaire public, ou par tout
» autre agent principal et inférieur du gouvernement, et de
» l'administration civile et militaire, *qui reçoivent un traitement*,
» seront punis de cinq ans de fers et de la confiscation de la moitié
» des biens du condamné. »

Nᵒ. XLVII. Du 17 messidor.

Annullation, sur la demande de Jean Garriguet, de l'acte d'accusation et de tout ce qui s'en est ensuivi; et spécialement la déclaration du juré de jugement et le jugement contre lui rendu par le tribunal criminel du département de la Gironde, le 19 floréal précédent.

NOTICE ET MOTIFS.

L'acte d'accusation ne présentoit qu'un vol simple, sans aucun des caractères signalés par le code pénal.

Même contravention qu'au nᵒ. XXXIV.

La déclaration du juré de jugement porte qu'il est auteur ou complice : alternative vague et insignifiante, qui ne présente aucun résultat positif.

Même contravention qu'aux nᵒˢ VII et XVII.

Enfin le jugement appliquoit la peine portée par l'article 27, section 2, tit. 2, partie 2 du code pénal, quoique le juré n'eût pas dit que l'objet volé fût exposé à la foi publique.

Fausse application de cet article, relatif aux vols de charrues et autres effets exposés sous la foi publique.

Nᵒ. XLVIII. Du 18 messidor.

Annullation, sur la demande d'Antoine Gros, de la déclaration du juré de jugement, et par suite du jugement contre lui rendu par le tribunal criminel du département de l'Hérault, du 22 floréal précédent.

NOTICE ET MOTIFS.

Il s'agissoit de vol. La première déclaration cumule le fait en une circonstance indépendante.

Même contravention qu'au nᵒ. XVII.

La seconde déclaration, relative à la conviction, porte qu'il est auteur ou complice; alternative vague, insignifiante, et qui ne présente aucun résultat positif.

Même contravention qu'aux nᵒˢ. VII et XVII.

Nᵒ. XLIX. Du 18 messidor.

Annullation, sur la demande de Catherine Bayts et Rose Bannel, de la déclaration du juré de jugement, et par suite du jugement contre elle rendu par le tribunal criminel du département de l'Hérault, du 21 floréal précédent.

NOTICE ET MOTIFS.

Il s'agissoit de vol. La déclaration du juré porte, relativement à chacune, qu'elle est auteur ou complice : alternative vague et insignifiante, et qui ne présente aucun résultat positif.

Même contravention qu'aux nᵒˢ. IV et XVII.

Nᵒ. L. Du 18 messidor.

Annullation, sur la demande de Nicolas Beauvais, de la déclaration du juré de jugement, et par suite du jugement contre lui rendu par le tribunal criminel du département de l'Indre, du 15 prairial précédent.

NOTICE ET MOTIFS.

L'acte d'accusation présentoit deux délits : maltraitemens envers un fonctionnaire public, et menaces d'incendie. La déclaration du juré ne porte que sur l'un de ces délits.

Même contravention qu'aux nᵒˢ. I et II.

Nᵒ. LI. Du 18 messidor.

Annullation, sur la demande de Stephan Stargiss et autres, du jugement contre eux rendu par le tribunal criminel du département de la Marne, le 16 prairial précédent.

NOTICE ET MOTIFS.

Il s'agissoit de vol. Les jurés n'avoient déclaré qu'un vol simple, sans déclarer aucune des circonstances comprises en l'art. 13, section 2, tit. 2 du code pénal, et cependant on a appliqué la peine de huit années de fers.

Fausse application de cet article, qui porte :

« Lorsqu'un vol aura été commis dans l'intérieur d'une maison » par une personne habitante ou commensale de ladite maison, ou » reçue habituellement dans ladite maison, pour y faire un service

» ou travail salarié, ou qui soit admis à titre d'hospitalité, la peine
» sera de huit années de fers. »

N°. LII. Du 18 messidor.

Annullation, sur la demande d'Antoine Michau, de la déclara-
tion du juré de jugement, et par suite du jugement contre lui
rendu par le tribunal criminel du département de l'Hérault, du
19 prairial précédent.

NOTICE ET MOTIFS.

Il s'agissoit de vol. La déclaration du juré de jugement portoit qu'il
étoit auteur ou complice : alternative vague et insignifiante, qui ne
présente aucun résultat positif.

Même contravention qu'aux n°ˢ. IV et XVII.

N°. LIII. Du 19 messidor.

Annullation, sur la demande des Roche, père et fils, de la déclara-
tion du juré de jugement, et par suite du jugement contre eux
rendu par le tribunal criminel du département de la Creuse, du
15 prairial précédent.

NOTICE ET MOTIFS.

Il s'agissoit de vol. La déclaration du juré de jugement, relativement à la conviction, portoit cumulativement sur les deux accusés,
et la même cumulation se trouvoit encore à la question intentionelle ; elle ne portoit point sur l'effraction qui est la circonstance
caractéristique du délit, et qui se trouvoit rappelée dans l'acte d'accusation.

Même contravention qu'aux n°ˢ. I et XVII.

N°. LIV. Du 19 messidor.

Annullation, sur la demande de Jean-Louis Lévêque, de la décla-
ration du juré de jugement, par suite et spécialement du juge-
ment contre lui rendu par le tribunal criminel du département
de Seine-et-Oise le 25 germinal précédent.

NOTICE ET MOTIFS.

Il s'agissoit de vol d'effets publics : la déclaration ne porte point
sur l'intention.

Même contravention qu'au n°. VII.

D'une autre part, on a appliqué la peine portée par l'article 6,
section 6, titre 1 du code pénal, quoique les jurés ne se fussent
point expliqués sur la valeur de l'objet volé.

Fausse application de cet article, qui ne regarde

« Que les personnes convaincues d'avoir volé des deniers publics,
» ou effets mobiliers appartenant à l'état, d'une valeur de 10 livres
» ou au-dessus. »

N°. LV. Du 24 messidor.

*Annullation, sur la demande de Viola, de la déclaration du juré
de jugement, et par suite du jugement contre lui rendu par le
tribunal criminel du département du Gard, du 16 prairial précédent.*

NOTICE ET MOTIFS.

Il s'agissoit de vol. La déclaration du juré de jugement portoit
qu'il étoit auteur ou complice : alternative vague, insignifiante, et
qui ne présente aucun résultat positif.

Même contravention qu'aux n°. IV et XVII.

N°. LVI. Du 24 messidor.

*Annullation, sur la demande de Jacques Copal, de l'acte d'ac-
cusation, et de tout ce qui s'en est ensuivi, spécialement du
jugement contre lui rendu par le tribunal criminel de Lot-et-
Garonne, le 16 prairial précédent.*

NOTICE ET MOTIFS.

L'acte d'accusation ne présentoit qu'un vol simple, sans aucun
des caractères signalés par le code pénal ; et quoique la déclaration du juré fût conforme à l'acte d'accusation, néanmoins on a
appliqué la peine portée par l'article 27, section 2, titre 2, partie 2 du code pénal.

Même contravention qu'au n°. XXXIV.

N°. LVII. Du 25 messidor.

*Annullation, sur la demande de Baraillé, de la déclaration du
juré de jugement, et par suite du jugement contre lui rendu
par le tribunal criminel du département du Tarn, le 17 prairial précédent.*

NOTICE ET MOTIFS.

Il s'agissoit de vol. Le juré a répondu cumulativement par une
seule déclaration sur le fait et sur l'intention.

Même contravention qu'au n°. VII.

N°. LVIII. Du 25 messidor.

Annullation, sur la demande de Jean-Baptiste Sout, de la déclaration du juré de jugement, et par suite du jugement contre lui rendu par le tribunal criminel du département de l'Ardéche, le 16 prairial précédent.

NOTICE ET MOTIFS.

L'acte d'accusation présentoit deux vols. La déclaration du juré de jugement porte cumulativement sur les deux délits, ce qui formoit une complexité.

L'accusé est déclaré auteur ou complice ; alternative également complexe, vague, insignifiante, et qui ne présentoit aucun résultat positif.

Même contravention qu'aux n°s. IV et XVII.

N°. LIX. Du 25 messidor.

Annullation, sur la demande de Vidal Noé, de la déclaration du juré de jugement, et par suite du jugement contre lui rendu par le tribunal criminel du département du Gard, le 16 prairial précédent.

NOTICE ET MOTIFS.

Il s'agissoit de vol. La déclaration du juré de jugement porte qu'il est auteur ou complice : alternative vague, insignifiante, et qui ne présente aucun résultat positif.

Même contravention qu'aux n°s. IV et XVII.

N°. LX. Du 25 messidor.

Annullation, sur la demande de Damerval, du jugement contre lui rendu par le tribunal criminel du département de la Somme, le 21 prairial précédent.

NOTICE ET MOTIFS.

Il s'agissoit de vol. La déclaration du juré portoit que l'un des voleurs s'étoit revêtu d'une écharpe d'officier municipal à l'effet de faire des actes réservés à l'officier public ; mais elle ne disoit point qu'il eût fait aucun acte, et cependant on a appliqué la peine de mort.

Fausse application de l'art. 3 de la loi du 16 septembre 1792, portant :

« Si le citoyen, trouvé revêtu d'une décoration qu'il n'a pas » le droit de porter, est convaincu d'avoir fait des actes d'auto-

» rité que l'officier public a seul le droit de faire , il sera puni de
» mort. »

N°. LXI. Du 26 messidor.

*Annullation, sur la demande de Christine Jolivet , de la décla-
ration du juré de jugement , et par suite du jugement contre
elle rendu par le tribunal criminel du département du Mont-
Blanc , le 19 prairial précédent.*

NOTICE ET MOTIFS.

Il s'agissoit d'excès et maltraitemens ; la déclaration du juré porte :
qu'elle est auteur ou complice : alternative vague, insignifiante ,
et qui ne présente aucun résultat positif.

Même contravention qu'aux n°. IV et XVII.

N°. LXII. Du premier thermidor.

*Annullation , sur la demande de Jeanne Collot & autres , de la
déclaration du juré de jugement , par suite et spécialement
du jugement contre eux rendu par le tribunal criminel du département de la Sarthe , le 16 prairial précédent.*

NOTICE ET MOTIFS.

Il s'agissoit de vols d'effets appartenans à la République , et
d'effets exposés sur la foi publique. La déclaration du juré , relativement à la conviction , porte cumulativement sur tous les accusés , et les déclare complices , sans même expliquer les faits de
complicité.

Même contravention qu'aux N°. IV et XVII.

Les jurés ne se sont point expliqués sur la valeur des effets appartenant à la nation , malgré que ce fût la circonstance caractéristique du délit.

Fausse application de l'art. 6 , section 6 , du tit. 1 , partie 2 du
code pénal , qui ne regarde que les vols d'effets appartenant à l'état,
d'une valeur de 10 liv. ou au-dessus.

Ils ne se sont point encore expliqués relativement à l'un des délits
sur la circonstance d'exposition à la foi publique.

Même contravention qu'au N°. II.

Nº. LXIII. Du premier thermidor.

Annullation, sur la demande de Maurel, de la déclaration du juré de jugement, et par suite du jugement contre lui rendu par le tribunal criminel du département de l'Aude, le 16 prairial précédent.

NOTICE ET MOTIFS.

La déclaration du juré porte qu'il est auteur ou complice: alternative vague et insignifiante, qui ne présente aucun résultat positif.

Même contravention qu'aux Nºs. IV et XVII.

Nº. LXIV. Du 2 thermidor.

Annullation, sur la demande de François Coirot, de la déclaration du juré de jugement, et par suite du jugement contre lui rendu par le tribunal criminel du département de la Vienne, le 15 prairial précédent.

NOTICE ET MOTIFS.

Il s'agissoit de vol. Il n'a été posé ni résolu aucune question intentionnelle.

Même contravention qu'au Nº. IV.

Nº. LXV. Du 2 thermidor.

Annullation, sur la demande de Yves Gueu, de la déclaration du juré de jugement, et par suite du jugement contre lui rendit par le tribunal criminel du département du Finistère, du 15 floréal précédent.

NOTICE ET MOTIFS.

Il étoit accusé de deux vols et d'un assassinat. La déclaration du juré relativement à la conviction porte cumulativement sur les trois délits, en disant qu'il est l'auteur et complice des vols et de l'assassinat.

Même contravention qu'aux Nºs. IV et XVII.

N°. LXVI. Du 2 thermidor.

Annullation, sur la demande de Philippe Laurent, du jugement contre lui rendu par le tribunal criminel du département de la Creuse, le 15 prairial précédent.

NOTICE ET MOTIFS.

L'accusé se trouvoit convaincu, par la déclaration du juré de jugement, d'un vol avec effraction, commis par plusieurs, et dans une maison habitée, ce qui n'emportoit que la peine de douze années de fers, et cependant le jugement en a infligé quatorze.

Fausse application des articles 6 et 7, section 2, tit. 2 du code pénal, portant :

Art. 6. « Tout autre vol commis sans violence envers les per-
» sonnes à l'aide d'effraction faite, soit par le voleur, soit par son
» complice, sera puni de huit années de fers. »

Art. 7. « La durée de la peine dudit crime sera augmentée de
» deux ans pour chacune des circonstances suivantes. »

La première. « Si l'effraction est faite aux portes et clôtures ex-
» térieures des bâtimens, maisons et édifices.

La seconde. « Si le crime est commis dans une maison actuelle-
» ment habitée, ou servant à habitation. »

La troisième, etc.

La quatrième. « S'il a été commis par deux ou par plusieurs per-
» sonnes. »

La cinquième, etc.

N°. LXVII. Du 2 thermidor.

*Annullation, sur la demande de Yves Lenoret, de la décla-
ration du juré du jugement, et par suite du jugement contre lui
rendu par le tribunal criminel du département du Finistère, du
18 floréal précédent.*

NOTICE ET MOTIFS.

La déclaration du juré de jugement portoit qu'il étoit auteur ou complice du vol dont il s'agissoit : alternative vague et insigni-fiante qui ne présente aucun résultat positif.

Même contravention qu'aux N°s. IV et LXVII.

N°. LXVIII. Du 2 thermidor.

Annullation, sur la demande de Jean Volpellière, de la déclaration du juré de jugement, par suite et spécialement du jugement contre lui rendu par le tribunal criminel du département du Gard, le 17 prairial précédent.

NOTICE ET MOTIFS.

Il s'agissoit de plusieurs vols. La déclaration relative au fait porte cumulativement sur cinq délits, et il en est de même de celle relative à l'intention.

Même contravention qu'aux N°s. VII et XVII.

La déclaration des jurés constatoit un vol de moutons qui n'avoient point été confiés à l'accusé pour un travail salarié ; et cependant on a appliqué l'article 19, section 2, tit. 2, partie 2 du code pénal, portant : « Quiconque sera chargé d'un service ou » d'un travail salarié, et aura volé les effets ou marchandises qui » lui auront été confiés pour ledit service ou ledit travail, sera » puni de quatre années de fers. »

N°. LXIX. Du 3 thermidor.

Annullation, sur la demande de François Gouzoles, de la déclaration du juré de jugement, et par suite du jugement contre lui rendu par le tribunal criminel du département du Cantal, le 13 prairial précédent.

NOTICE ET MOTIFS.

Il s'agissoit d'un vol. La déclaration du juré porte cumulativement sur le fait et sur une circonstance indépendante.

Même contravention qu'au N°. XVII

N°. LXX. Du 3 thermidor.

Annullation, sur la demande de Gilles - Barnabé Faché, de la déclaration du juré de jugement, par suite et spécialement du jugement contre lui rendu par le tribunal criminel du département de Seine et-Oise, le 24 ventôse précédent.

NOTICE ET MOTIFS.

La déclaration du juré ne porte point sur l'intention.

Même contravention qu'au N°. VII.

Le jugement a appliqué la peine portée par l'art. 6, section 6 du titre 1er du code pénal, malgré que le juré n'eût point déclaré que la valeur de l'objet volé fût de 10 liv. ou au-dessus.

Fausse application de cet article, qui ne s'applique qu'aux vols d'effets appartenant à l'état, de valeur de 10 liv., et au-dessus.

N°. LXXI. Du 3 thermidor.

Annullation, sur la demande de François Beaune, du juge-ment contre lui rendu par le tribunal criminel du département de la Nièvre, du 17 prairial précédent.

NOTICE ET MOTIFS.

Le jugement le condamnoit en deux années de fers, conformé-ment aux articles 1 et 2 de la loi du premier germinal, pour un fait qui s'étoit passé le 9 du même mois de germinal, époque à laquelle, suivant les certificats joints aux pièces, la loi n'étoit pas encore publiée dans ce département : ainsi c'étoit donner à cette loi un effet rétroactif.

N°. LXXII. Du 3 thermidor.

Annullation, sur la demande de Daniel Clutier, du jugement contre lui rendu par le tribunal criminel du département de l'Ar-dèche, le 19 floréal précédent.

NOTICE ET MOTIFS.

Il s'agissoit de vol avec effraction ; et sous prétexte que le juré avoit déclaré sur la première question, que le vol avoit été com-mis dans la maison de Courtet, on avoit ajouté deux ans de plus, comme si le juré eût, par une déclaration distincte, constaté que le vol avoit été commis dans une maison habitée.

Fausse application de l'art. 7, section 2 du tit. 2 du code pénal, portant : « La durée de la peine dudit crime sera augmentée de » deux ans pour chacune des circonstances suivantes qui s'y trou-» vera réunie. La première, si, etc. La seconde, si le crime a » été commis dans une maison actuellement habitée, ou servant à » habitation. »

N°. LXXIII. Du 7 thermidor.

Annullation, sur le réquisitoire du commissaire, du jugement rendu par le conseil de justice à bord de la flûte de la Répu-blique l'Étoile, relativement à Antoine Sauvouet, ainsi que de tout ce qui a précédé et suivi.

NOTICE ET MOTIFS.

L'espèce présentoit un vol commis par un marin dans une maison où il couchoit pendant l'armement du vaisseau, et envers une personne qui y étoit reçue à titre d'hospitalité, ce qui présentoit un délit ordinaire ; cependant le conseil de justice avoit renvoyé à la cour martiale, qui avoit procédé en conséquence.

Contravention à l'art. 3 de la loi du 12 octobre 1791, portant : « Elles (les cours martiales) prononceront également sur tous les » *délits militaires* commis à terre par les officiers de la marine » militaire, et par les officiers, sous-officiers et soldats des troupes » de la marine ; les équipages des bâtimens en armement seront » également soumis à leur jurisdiction pour les délits commis *re-* » *latifs au service maritime* jusqu'au moment de la mise en rade, » et au désarmement depuis la rentrée dans le port jusqu'au licen- » ciement de l'équipage. »

N°. LXXIV. Du 8 thermidor.

Annullation, sur la demande de Peatroi, de la déclaration du juré de jugement, et par suite du jugement contre lui rendu par le tribunal criminel du département de Seine et Oise, du 17 prairial précédent.

NOTICE ET MOTIFS.

Il s'agissoit d'un crime de meurtre, ou assassinat. La déclaration du juré de jugement ne portoit, ni sur la volonté, ni sur l'intention.

Même contravention qu'au N°. VII.

N°. LXXV. Du 9 thermidor.

Annullation, sur la demande de Jean Fabre, de la déclaration du juré de jugement, et par suite du jugement contre lui rendu par le tribunal criminel du département de la Haute-Garonne, du 19 vendémiaire précédent.

NOTICE ET MOTIFS.

L'acte d'accusation présentoit deux faits qui pouvoient caractériser une concussion ou une simple escroquerie. Les jurés ont dit qu'il y avoit concussion, ce qui présentoit une double contravention : 1°. en ce qu'ils cumuloient deux faits ; 2°. en ce qu'ils qualifioient ces faits sans déclarer en quoi ils consistoient. Deux autres réponses cumuloient le fait avec une circonstance indépendante ; enfin, point de déclaration sur l'intention.

Même contravention qu'aux N°s. VII et XVII.

N°. LXXVI.

N°. LXXVI. Du 9 thermidor.

Annullation, sur la demande de Morgans, de l'acte d'accusation, par suite et spécialement du jugement contre lui rendu par le tribunal criminel du département de la Côte-d'Or, du 21 prairial précédent.

NOTICE ET MOTIFS.

Par l'acte d'accusation, il n'étoit déclaré prévenu que de dénonciation calomnieuse et de tentative de corruption de témoins; délits non signalés par le code pénal.

Même contravention qu'au n°. XXXIV.

La déclaration du juré le tenoit convaincu d'avoir, par une fausse accusation, déterminé mandat d'arrêt contre deux personnes; et cependant on lui a appliqué l'article 5, section 5, titre 1, partie 2 du code pénal.

Fausse application de cet article, qui porte : « Tout fonction-
» naire qui, par abus de ses fonctions, et sous quelque prétexte
» que ce soit, provoqueroit directement les citoyens à désobéir à
» la loi ou aux autorités légitimes, ou les provoqueroit à des
» meurtres ou à d'autres crimes, sera puni de six années de
» gêne. »

N°. LXXVII. Du 9 thermidor.

Annullation, sur la demande d'Antoine Arnat Sainte-Foy, de la déclaration du juré de jugement, et par suite du jugement contre lui rendu par le tribunal criminel du département de l'Aude, du 20 prairial précédent.

NOTICE ET MOTIFS.

Il s'agissoit d'un faux passe-port; la déclaration du juré de jugement porte qu'il en a fait usage, sachant qu'il étoit faux, et qu'il a commis ce délit dans l'intention de le commettre : ce qui ne remplissoit point le vœu de la loi, qui veut qu'on pose la question intentionnelle, et qui ne prononce de peines qu'autant que le faux a été commis méchamment et à dessein de nuire à autrui.

Même contravention qu'au n°. V.

N°. LXXVIII. Du 14 thermidor.

Annullation, sur la demande de Dominique Henriot, de la déclaration du juré de jugement, et par suite du jugement contre lui rendu par le tribunal criminel du département de la Meurthe, du 18 prairial précédent.

NOTICE ET MOTIFS.

Il s'agissoit de vols. La déclaration du juré porte cumulativement sur trois vols ; elle cumule deux circonstances aggravantes ; elle cumule de même l'intention de trois accusés.

Même contravention qu'aux n°ˢ VII et XVII.

N°. LXXIX. Du 16 thermidor.

Annullation, sur la demande de Jean Moulines et autres, de la déclaration du juré de jugement, et par suite du jugement contre eux rendu par le tribunal criminel du département de la Gironde, le 23 prairial précédent.

NOTICE ET MOTIFS.

Les jurés avoient déclaré, à l'égard de chacun, qu'ils étoient auteurs ou complices du vol ; déclaration vague, insignifiante, et qui ne présente aucun résultat positif.

Même contravention qu'aux n-s. VII et XVII.

N°. LXXX. Du 16 thermidor.

Annullation, sur la demande de Yves Maullet et autres, de la déclaration du juré de jugement, et par suite du jugement contre eux rendu par le tribunal criminel du département du Finistère, le 17 prairial précédent.

NOTICE ET MOTIFS.

Il s'agissoit d'assassinats et de vols. La déclaration du juré de jugement portoit cumulativement sur plusieurs faits, sur l'intention et sur des circonstances indépendantes.

Même contravention qu'aux n°ˢ. VII et XVII.

2°. La déclaration du juré omettoit de prononcer sur quelques-uns des délits portés en l'acte d'accusation.

Même contravention qu'au n°. II.

3°. Relativement à l'un des délits, quoique l'acte d'accusation présentât un assassinat, la déclaration du juré ne s'est expliquée ni sur l'homicide consommé, ni sur l'attaque à dessein de tuer.

Encore même contravention qu'au n°. II.

N°. LXXXI. Du 16 thermidor.

Annullation, au respect seulement et sur la demande de Homme Schmit, de la déclaration du juré de jugement, et par suite du jugement contre lui rendu par le tribunal criminel du département de la Marne, le 16 messidor précédent.

NOTICE ET MOTIFS.

Il s'agissoit de vol. La déclaration du juré portoit qu'il étoit complice, sans expliquer les faits de complicité.

Même contravention qu'au n°. IV.

N°. LXXXII. Du 16 thermidor.

Annullation, sur la demande de la citoyenne Peridou, de la déclaration du juré de jugement, et par suite du jugement contre elle rendu par le tribunal criminel du département de la Meuse, du 16 messidor précédent.

NOTICE ET MOTIFS.

Il s'agissoit d'assassinat qui avoit amené la peine de mort.

La déclaration du juré portoit cumulativement, 1°. sur l'homicide non consommé; 2°. sur le vol qui avoit précédé et suivi; 3°. sur l'attaque effectuée à dessein de noyer.

Même contravention qu'au n°. XVII.

N°. LXXXIII. Du 21 thermidor.

Annullation, sur la demande de Jean-Baptiste Crevel et autres, de l'acte d'accusation, et de tout ce qui s'en est ensuivi, spécialement du jugement rendu contre eux par le tribunal criminel du département d'Eure-et-Loir, du 16 messidor précédent.

NOTICE ET MOTIFS.

L'acte d'accusation indiquoit l'auteur du vol, et ne provoquoit point à son égard, mais seulement contre les complices, la déclaration du juré.

Contravention à l'article 15 du titre 1 de la seconde partie de la loi du 16 septembre 1791, portant : « L'acte d'accusation contiendra le fait et toutes les circonstances. Celui ou ceux qui en sont l'objet y seront clairement désignés ou dénommés. »

Même contravention à la disposition correspondante de la loi en forme d'instruction, et encore au décret du 28 ventôse, an II, relative à Rousset et Coradet, portant : « Le tribunal criminel du

» département du Calvados auroit dû , d'après l'article 15 et l'ins-
» truction criminelle citée , casser l'acte d'accusation comme in-
» complet et muet sur le nommé Coradet , que l'instruction dési-
» gnoit comme complice de Rousset et Bareau ; renvoie au tribunal
» de cassation le jugement du tribunal criminel du Calvados , du
» 25 février 1793. »

L'accusation présentant pour les complices le danger résultant des proches parens de l'auteur du vol.

2°. Les jurés avoient cumulé dans une seule déclaration l'intention et les faits de complicité.

Même contravention qu'au n°. VII.

N°. LXXXIV. Du 21 thermidor.

Annullation , sur la demande de Corisier et autres , de la décla-
ration du juré de jugement , et par suite du jugement contre
eux rendu par le tribunal criminel du département de la Nièvre ,
du 22 prairial précédent.

NOTICE ET MOTIFS.

La déclaration du juré portoit qu'ils sont auteurs ou complices : alternative insignifiante et qui ne présente aucun résultat positif.

Même contravention qu'aux n°s. IV et XVII.

N°. LXXXV. Du 22 thermidor.

Annullation , sur la demande de Joseph Janin et autres , de la
déclaration du juré de jugement , et par suite du jugement
contre eux rendu par le tribunal criminel du département de
la Sarthe , le 18 messidor précédent.

NOTICE ET MOTIFS.

Il s'agissoit de vols. Les jurés avoient cumulé dans une seule déclaration le fait et la circonstance indépendante de la maison habitée , quoique cette circonstance amenât une augmentation de peines.

Même contravention qu'au n°. XVII.

Les jurés ont dit que les accusés étoient auteurs ou complices ; déclaration vague et insignifiante.

Même contravention qu'aux n°s. IV et XVII.

N°. LXXXVI. Du 23 thermidor.

Annullation, sur la demande de Marie Lecompte, femme Lepro-
nier, de l'acte d'accusation, de tout ce qui s'en est ensuivi,
et spécialement du jugement contre elle rendu par le tribunal
criminel du département de Maine et Loire.

NOTICE ET MOTIFS.

Il s'agissoit de vol d'effets publics. L'acte d'accusation n'énonçoit
point qu'il fût d'une valeur de 10 liv. ou au-dessus, et ne présentoit aucun délit de nature à mériter peine afflictive ou infâ-
mante.

Même contravention qu'au n°. XXXIV.

La déclaration du juré ne constatoit point la même circonstance,
et cependant on a appliqué la peine prononcée par l'art. 6, sect. 6
du titre 1 du code pénal.

Fausse application de cet article, qui porte : « Toute personne
» autre que le dépositaire comptable, qui sera convaincue d'avoir
» volé les deniers publics ou effets mobiliers appartenant à l'état,
» d'une valeur *de dix livres et au-dessus*, sera puni de quatre
» ans de fers. »

N°. LXXXVII. Du 23 thermidor.

Annullation, sur la demande de Jacques Deuvivier, de l'acte
d'accusation, et de tout ce qui s'en est ensuivi, notammene
du jugement contre lui rendu par le tribunal criminel du dé-
partement· . . . . . le 22 messidor précédent.

NOTICE ET MOTIFS.

L'acte d'accusation ne présentoit qu'un vol simple, sans aucune
circonstance caractéristique d'un délit signalé par le code pénal.

Même contravention qu'au n°. XXXIV.

Il est vrai que le tribunal criminel n'avoit prononcé que des
peines correctionnelles, mais cela ne réparoit point le vice de
l'acte d'accusation ; et l'article 32 du titre 8 du code pénal ne
reçoit d'application que lorsque, sur une accusation valable, le
délit se trouve dégagé, par la déclaration du juré, des circonstances
caractéristiques du délit.

N°. LXXXVIII. Du 23 thermidor.

Annullation, sur la demande de Marie-Louise Beurche, de l'acte d'accusation, et de tout ce qui s'en est ensuivi, spécialement du jugement contre elle rendu par le tribunal criminel du département de la Somme, le 16 messidor précédent.

NOTICE ET MOTIFS.

L'acte d'accusation ne présentoit qu'un vol simple commis la nuit dans l'intérieur d'une maison habitée, sans aucune circonstance caractéristique d'un délit signalé par le code pénal.

Même contravention qu'au n°. XXXIV.

Quoique la déclaration du juré présentât un vol commis dans une maison, et non dans un terrein clos et fermé tenant immédiatement à une maison habitée, on a néanmoins appliqué l'article 25, section 2, titre 2, partie 2, du code pénal.

Fausse application de cet article, qui porte : « Tout vol commis » dans un terrein clos et fermé, si ledit terrein tient immédiate- » ment à une maison habitée, sera puni de la peine de quatre » années de fers. »

N°. LXXXIX. Du 28 thermidor.

Annullation, sur le réquisitoire du commissaire national, de cinq jugemens du tribunal de district de Rennes, en date des 2 mars, 17 octobre, 13 et 21 décembre 1792, et 1 juin 1793.

NOTICE ET MOTIFS.

Ces jugemens renvoient Alexis Garnier, Louis Quoniam, Mathurin Brioud, Jean Baudru et Pierre Paul Cheron, des accusations contre eux intentées, mais preuves subsistantes et prison tenante pendant le délai fixé pour chacun.

Excès de pouvoirs en contravention à l'article 35 du titre premier de la première partie du code pénal, portant : « Que toutes les » peines autres que celles y établies sont abrogées ».

Et à l'article 7 de la loi du 7 novembre 1792, portant : « Que » les juges de district ne pourront prononcer d'autres peines que » celles portées au code pénal ».

N°. XC. Du 28 thermidor.

Annullation, sur le réquisitoire du commissaire et par excès de pouvoirs, d'un jugement rendu contre Alexandre Cadet dit Boucheron, par le tribunal de district de Quillan, le 12 mars 1792.

NOTICE ET MOTIFS.

Ce jugement a prononcé contre l'accusé un plus amplement informé pendant six ans, prison tenante.

Même excès de pouvoirs et contravention qu'au numéro précédent.

N°. XCI. Du 28 thermidor.

Annullation, sur le réquisitoire du commissaire national, d'un jugement rendu contre Jean Blazy, par le tribunal de district de Limoux, le 7 vendémiaire précédent.

NOTICE ET MOTIFS.

Ce jugement avoit prononcé contre l'accusé un plus amplement informé pendant six mois, prison tenante.

Même excès de pouvoirs et contravention qu'au N°. LXXXIX.

N°. XCII. Du 28 thermidor.

Annullation, sur le réquisitoire du commissaire national, et par excès de pouvoirs, d'un jugement rendu par le tribunal de district de Fougères, du 31 janvier 1793.

NOTICE ET MOTIFS.

Ce jugement a prononcé contre Pierre Garreau, accusé, un plus amplement informé pendant trois ans, prison tenante.

Même excès de pouvoirs et contravention qu'au N°. LXXXIX.

N°. XCIII. Du 28 thermidor.

Annullation, sur la dénonciation du commissaire national, d'un jugement du tribunal criminel de la Somme, du 4 messidor précédent, et de celui du tribunal de district de Beauvais, du 9 du même mois.

NOTICE ET MOTIFS.

Il s'agissoit du vol d'un sac de farine fait dans un moulin, ce qui étoit un délit ordinaire ; et cependant le tribunal criminel de la Somme avoit instruit révolutionnairement, en conformité de la loi du 30 septembre 1793, relative aux subsistances, qui ne s'applique qu'aux délits qui en peuvent entraver la circulation.

Fausse application de cette loi, qui porte article premier : « Toutes plaintes et dénonciations de délits relatifs aux subsistances » seront portées immédiatement devant le directeur du juré du lieu » du délit, lequel sera dans ces matières les fonctions d'officier » de police. »

Article 4 : « L'acte d'accusation et l'examen définitif seront pré- » sentés à des jurés spéciaux d'accusation et de jugement. »

Le tribunal de district de Beauvais avoit sursis à l'exécution du jugement du tribunal criminel, ce qui étoit de sa part une entreprise et excès de pouvoirs.

N°. XCIV. Du 28 thermidor.

Annullation, sur la demande du citoyen Daleau, de la déclaration du juré de jugement, et par suite du jugement contre lui rendu par le tribunal criminel du département de la Somme, du 15 messidor précédent.

NOTICE ET MOTIFS.

Il s'agissoit de vol. La déclaration du juré de jugement portoit qu'il étoit complice, sans expliquer le fait de complicité propre à constituer et caractériser le délit à son égard.

Même contravention qu'au N°. IV.

N°. XCV. Du 29 thermidor.

Annullation, sur la demande de Magloire Doyenette et autres, du débat, déclaration du juré de jugement, et jugement contre eux rendu par le tribunal criminel du département du Nord du 8 messidor précédent.

NOTICE ET MOTIFS.

L'un des accusés se trouvoit compris en l'acte d'accusation, avoit à prêter interrogatoire devant le président, étoit présent aux débats, et cependant nulle question, nulle déclaration à son égard.

Contravention à l'article 25 du titre 7 de la loi du 16 septembre 1791, portant : « Tous les accusés compris en l'acte d'accusation » seront jugés par le même juré ».

A l'égard des autres accusés, ils ont été déclarés complices, sans explication des faits qui constituoient la complicité ; et de cette manière, on a cumulé la question et déclaration sur le fait, l'auteur et l'intention.

Même contravention qu'aux N°s. IV, VII et XVII.

N°. XCVI. Du 29 thermidor.

Annullation, sur la demande d'Arnoux Gautier, de la déclaration du juré de jugement, et spécialement du jugement contre lui rendu par le tribunal criminel du département des Hautes-Alpes, le 15 messidor précédent.

NOTICE ET MOTIFS.

1°. Les jurys de jugement ne s'étoient point expliqués sur la question intentionnelle.

Même contravention qu'au N°. IV.

2°. Il n'avoit été posé ni résolu aucune question sur la circonstance aggravante, quoiqu'énoncée dans l'acte d'accusation; savoir, que la fille prétendue violée fût âgée de moins de 14 ans.

Même contravention qu'au N°. XVII.

3°. On a appliqué la même peine que si la circonstance aggravante ci-dessus eût été constatée.

Fausse application de l'art. 30, première section, titre 2, du code pénal, portant : « La peine portée en l'article précédent sera de douze années de fers, lorsque le viol sera commis dans la personne d'une fille âgée de moins de quatorze ans accomplis, ou lorsque le coupable aura été aidé dans son crime par la violence ou les efforts d'un ou de plusieurs complices ».

N°. XCVII. Du 29 thermidor.

Annullation, sur la demande de Pierre Julien et autres, de la déclaration du juré, et par suite du jugement contre eux rendu par le tribunal criminel du département de l'Ain, du 16 messidor précédent.

NOTICE ET MOTIFS.

Il s'agissoit de vol. La déclaration du juré, relativement à la conviction, a prononcé cumulativement sur deux accusés.

Même contravention qu'au N°. XVII.

N°. XCVIII. Du 29 thermidor.

Annullation, sur la demande de Marie Michelle, femme Chalure, de la déclaration du juré de jugement, et spécialement du jugement contre elle rendu par le tribunal criminel du département de l'Isère, du 16 messidor précédent.

NOTICE ET MOTIFS.

L'acte d'accusation énonçoit un vol consommé avec effraction extérieure et escalade commis dans une maison pendant la nuit : la déclaration du juré de jugement ne porte que sur une tentative de vol par escalade.

Même contravention qu'aux Nos. I et II.

Le jugement a néanmoins appliqué la peine portée contre le vol consommé avec escalade pendant la nuit.

Fausse application des articles 11 et 12, section 2, titre 2, partie 2 du code pénal, portant :

Article 11. « Tout vol commis en escaladant les toits, murailles » ou toutes autres clôtures extérieures de bâtimens, maisons et édi- » fices, sera puni de la peine de huit ans de fers.

Article 12. « La durée de la peine mentionnée en l'article pré- » cédent sera augmentée de deux années pour chacune des circons- » tances suivantes qui se trouvera réunie au crime.

La 1re. » Si le crime a été commis dans une maison actuelle- » ment habitée.

La 2e. » S'il a été commis la nuit.

La 3e. » S'il a été commis par deux ou par plusieurs personnes.

La 4e. » Si le coupable ou les coupables étoient porteurs d'armes » à feu, ou de toute autre arme meurtrière ».

Nº. XCIX. Du 4 fructidor.

Annullation, sur la demande de Joseph Bion, du jugement contre lui rendu par le tribunal criminel du département de l'Ain, du 16 messidor précédent.

NOTICE ET MOTIFS.

La déclaration du juré de jugement constatoit le vol d'effets mis sous la main de la nation, et cependant on a appliqué un article qui n'est relatif qu'au vol d'effets appartenant à l'Etat.

Fausse application de l'article 6, section 6, titre 1, partie 2 du code pénal, portant : « Toute personne autre que le déposi- » taire comptable, qui sera convaincue d'avoir volé des deniers » publics, ou effets mobiliers appartenant à l'Etat, d'une valeur de » 10 liv. ou au-dessus, sera punie de la peine de quatre années de » fers, sans préjudice, etc.

Nº. C. Du 4 fructidor.

Annullation, sur la demande de Vincent Lévêque et autres, de la déclaration du juré de jugement, et par suite du jugement contre eux rendu par le tribunal criminel du département de la Loire-Inférieure, du 16 messidor précédent.

NOTICE ET MOTIFS.

Ce jugement les condamnoit à la peine capitale : la déclaration du juré portoit qu'ils étoient auteurs ou complices, alternative qui ne présentoit rien de positif.

Même contravention qu'aux Nos. IV et XVII.

N°. CI. Du 4 fructidor.

Annullation, sur la demande de J. B. Mammel, de la déclaration du juré de jugement, et par suite du jugement contre lui rendue par le tribunal criminel du département de la Haute-Marne, du 26 messidor précédent.

NOTICE ET MOTIFS.

Il s'agissoit de faux. La déclaration du juré portoit qu'il étoit auteur ou complice, ce qui ne présentoit qu'une complexité vague et insignifiante.

Même contravention qu'aux Nos. IV et XVII.

N°. CII. Du 6 fructidor.

Annullation, sur la demande de Joseph-François Bertrand, de la déclaration du juré de jugement, par suite et spécialement du jugement du 3 prairial an 3.

NOTICE ET MOTIFS.

Il s'agissoit de dilapidations commises par un fonctionnaire public d'objets dont il étoit dépositaire à raison de ses fonctions, et encore d'autres objets appartenant à des particuliers. Une partie de la déclaration du juré portoit cumulativement sur deux délits ; une autre cumuloit le fait en la qualité de l'accusé ; une autre portoit qu'il étoit auteur ou complice

Même contravention qu'au n°. XVII.

Le jugement condamnoit à douze années de fers, sans que le juré eût déclaré que l'accusé fût dépositaire à raison des fonctions publiques qu'il exerçoit.

Fausse application de l'article 12, titre 1 section 5, du code pénal, portant : « Tout fonctionnaire ou officier public qui sera
» convaincu d'avoir détourné ou soustrait des deniers, effets,
» actes, pièces ou titres dont il étoit dépositaire à raison des
» fonctions publiques qu'il exerce, et par l'effet d'une confiance
» nécessaire, sera puni de la peine de douze années de fers. »

Nº. CIII. Du 6 fructidor.

Annullation, sur la demande de Thevenin, d'un jugement contre lui rendu par le tribunal criminel du département de la Haute-Loire, du 17 prairial précédent.

NOTICE ET MOTIFS.

Ce jugement le condamnoit à la peine de mort, quoique la déclaration du juré ne constatât point qu'il y eût homicide effectué, ni attaque à dessein de tuer.

Fausse application des art. 11, 13 et 14, section 1, titre 2, partie 2, du code pénal, portant:

Art. II. « L'homicide commis avec préméditation sera qualifié » d'assassinat et puni de mort. »

Art. XIII. « L'assassinat, quoique non consommé, sera puni » de la peine portée en l'art. 11, lorsque l'attaque à dessein de » tuer aura été effectuée. »

Art. XIV. « Sera qualifié assassinat, et, comme tel, puni de » mort, l'homicide qui aura précédé, accompagné et suivi » d'autres crimes. »

Nº. CIV. Du 6 fructidor.

Annullation, sur la demande d'Alexis Massu et autres, d'un jugement contre eux rendu par le tribunal criminel du département de Seine-et-Marne, du 17 prairial précédent.

NOTICE ET MOTIFS.

Deux questions relatives à la conviction et les déclarations conséquences des jurés de jugement comprenoient cumulativement plusieurs accusés; une autre question cumuloit la conviction et l'intention.

Même contravention qu'aux nᵒˢ. VII et XVII.

Nº. CV. Du 11 fructidor.

Annullation, sur la demande de Louis Amblard, Mollier et autres, de la déclaration du juré de jugement, et par suite du jugement contre eux rendu par le tribunal criminel de l'Isère, le 12 messidor précédent.

NOTICE ET MOTIFS.

La déclaration du juré ne contenoit qu'une seule réponse sur l'intention cumulée de neuf personnes.

Contravention à l'article 36 du titre 7 de la loi du 16 septembre 1791, portant: « S'il y a plusieurs co-accusés, le tri-

» bunal déterminera celui qui sera le premier présenté aux débats,
» en commençant toujours par le principal accusé, s'il y en a
» un » ; et aux autres lois citées aux n°s. VII et XVII.

2°. Les jurés ne s'étoient point expliqués sur le délit d'assassinat,
quoique présenté par l'acte d'accusation.

Même contravention qu'au n°. II.

3°. On avoit appliqué les articles 21 et 27 de la première
section du titre 2, partie 2, du code pénal, quoiqu'il n'y eût pas
de procès-verbal des gens de l'art, constatant que la personne maltraitée étoit hors d'état de vaquer pendant plus de quarante jours
à aucun travail corporel.

Fausse application de ces articles, dont l'un suppose un procès-
verbal qui constate l'impossibilité de vaquer pendant plus de
quarante jours à aucun travail corporel, et l'autre suppose préméditation et guet-a-pens.

N°. CVI. Du 11 fructidor.

*Annullation, au respect seulement et sur la demande de Pierre
Poutonnier et Michelle-Françoise Lefebre, de la déclaration
du juré de jugement, et par suite du jugement contre eux rendu
par le tribunal criminel du département de l'Eure, du 18
messidor précédent.*

N O T I C E   E T   M O T I F S.

Il s'agissoit de vol. Les jurés avoient déclaré qu'ils étoient complices, sans expliquer les faits de complicité.

Même contravention qu'au n°. IV.

N°. CVII. Du 12 fructidor.

*Annullation, sur la demande de Donnezeau, d'un jugement
du tribunal criminel du département de l'Arriége, du 21
germinal précédent.*

N O T I C E   E T   M O T I F S.

Donnezeau avoit été acquitté de l'accusation contre lui intentée
par jugement du 30 brumaire, et c'étoit après coup et seulement
par jugement du 21 germinal suivant qu'on avoit statué sur les
dommages intérêts prétendus contre lui.

Contravention à l'art. 31 du titre 8 de la loi du 16 septembre 1791, portant : « Le tribunal criminel sera compétent pour
» connoître des intérêts civils résultant des procès criminels, il
» y statuera *sur-le-champ* et en dernier ressort. »

N°. CVIII. Du 17 fructidor.

Annullation, sur la demande de Jean Evain, de la déclaration du juré de jugement, par suite et spécialement du jugement contre lui rendu par le tribunal criminel du département de la Loire-Inférieure, du 15 messidor précédent.

NOTICE ET MOTIFS.

Il s'agissoit de deux vols. La déclaration sur le fait cumuloit les deux vols; elle portoit que l'accusé étoit auteur ou complice; elle cumuloit aussi les circonstances indépendantes des deux délits.

Même contravention qu'aux nos. IV, VII et XVII.

Enfin on avoit appliqué l'art. 2, sect. 2, titre 2, partie 2 du code pénal, portant : « Si le vol à force ouverte et par violence » envers les personnes est commis, soit dans un grand chemin, » rue et place publique, soit dans l'intérieur d'une maison, la » peine sera de quatorze années de fers. »

N°. CIX. Du 17 fructidor.

Annullation, sur la demande de Julien Chamelin et autres, de la déclaration du juré de jugement, et par suite du jugement du tribunal criminel du département de la Haute-Loire, du 16 prairial précédent.

NOTICE ET MOTIFS.

La déclaration du juré étoit complexe; elle comprenoit cumulativement le fait de vol avec violence, et les circonstances indépendantes.

Même contravention qu'au n°. XVII.

N°. CX. Du 18 fructidor.

Annullation, au respect seulement et sur la demande de Magdeleine Gaillard, de la déclaration du juré de jugement, et par suite du jugement contre elle rendu par le tribunal criminel du département de la Haute - Garonne, du 16 messidor précédent.

NOTICE ET MOTIFS.

Il s'agissoit de vol. La déclaration du juré portoit : « Qu'elle » est convaincue d'avoir sciemment, et dans le dessein du crime, » ou procuré audit Mouillard les soustractions d'effets, ou aidé et » assisté ledit Mouillard, soit dans ladite soustraction, soit dans » les faits qui ont préparé ou facilité, ou d'avoir reçu gratui- » tement, ou reçu tout ou partie des effets soustraits, sachant

» qu'ils avoient été soustraits, et d'avoir en cela été complice du
» citoyen Mouillard. »

Elle étoit donc vague, indéterminée, ne remplissoit point l'objet
de la loi, et cumuloit l'intention avec le fait.

Même contravention qu'aux n°s. IV, VII et XVII.

N°. CXI. Du 18 fructidor.

*Annullation, sur la demande de Jeanne Daublet, de la déclaration
du juré de jugement, et par suite du jugement contre elle rendu
par le tribunal criminel du département de la Loire-Inférieure,
du 17 messidor précédent.*

NOTICE ET MOTIFS.

Il s'agissoit de vol. La déclaration du juré portoit qu'elle étoit
auteur ou complice, sans déterminer lequel des deux, et sans
expliquer le fait de complicité.

Même contravention qu'au n°. IV.

N°. CXII. Du 18 fructidor.

*Annullation, sur la demande de Jean Giraud, de la déclaration
du juré de jugement, par suite et spécialement du jugement
contre lui rendu par le tribunal criminel du département de
la Haute-Vienne, du 17 messidor précédent.*

NOTICE ET MOTIFS.

Il s'agissoit de vol. La déclaration du juré portoit qu'il étoit
auteur ou complice, sans déterminer lequel des deux, et sans
expliquer le fait de complicité.

Même contravention qu'au n°. IV.

Le jugement le condamnoit d'ailleurs aux dépens.

Contravention à l'art. 7 de la loi du 18 janvier 1792, « qui
» défend aux juges de prononcer d'autres peines que celles in-
» diquées par le code pénal. »

N°. CXIII. Du 18 fructidor.

*Annullation, sur la demande de Françoise Buchon, de l'acte
d'accusation et de tout ce qui s'en est ensuivi; spécialement
du jugement contre elle rendu par le tribunal criminel du
département du Pas-de-Calais, du 15 messidor précédent.*

NOTICE ET MOTIFS.

L'acte d'accusation ne présentoit qu'un vol simple et non
signalé par le code pénal; la déclaration du juré portoit bien

qu'on avoit fait effraction sur une cassette, mais après l'avoir volée; et cependant le jugement avoit appliqué la peine prononcée contre le vol avec effraction.

Même contravention qu'au n°. XXXIV.

Fausse application de l'art. 6, section 2, titre 2, partie 2, du code pénal, portant : « Tout autre vol commis sans violence en- » vers les personnes à *l'aide* d'effraction faite, soit par le voleur, » soit par son complice, sera puni de huit ans de fers. »

N°. CXIV. Du 19 fructidor.

Annullation, sur la demande de Gilles et Noël Martet, père et fils, de la déclaration du juré de jugement, et par suite du jugement rendu contre eux par le tribunal criminel du département de l'Eure, le 20 messidor précédent.

NOTICE ET MOTIFS.

Il s'agissoit de vol. La question a été ainsi posée aux jurés, qui ont répondu affirmativement : Gilles Martet est-il complice ? Noël Martet est-il complice ? mais la loi exigeoit que les jurés s'expliquassent sur les faits caractéristiques de la complexité.

Même contravention qu'au n°. IV.

N°. CXV. Du 19 fructidor.

Annullation, sur la demande de Nicolas Bienaimé, de la déclaration du juré de jugement, et par suite du jugement contre lui rendu par le tribunal criminel du département de Paris, le 8 thermidor précédent.

NOTICE ET MOTIFS.

La déclaration sur le fait de complicité, et celle sur la circonstance indépendante de la maison habitée, ont été confondues et réunies contrairement à la loi.

Même contravention qu'aux n°. IV et XVII.

N°. CXVI. Du 19 fructidor.

Annullation, sur la demande de Pierre Henry, de l'acte d'accusation dressé par le directeur du tribunal central des jurés du département de Paris, le 17 messidor, et de tout ce qui a suivi, spécialement du jugement du tribunal criminel de Paris, du 19 thermidor précédent.

NOTICE ET MOTIFS.

L'acte d'accusation présentoit le vol d'un coq et trois poules exposés sur la foi publique, mais cette espèce ne se trouve point

comprise

comprise en la nomenclature de l'art. 27 , section 2 , tit. 2 , partie 2 du code pénal ; et cependant on a appliqué la peine portée par cet article.

Même contravention qu'au N°. XXXIV.

Fausse application de l'art. 27 , section 2 , tit. 2 du code pénal, portant : « Tout vol de charrues, instrumens aratoires, chevaux
» et autres bêtes de somme, bétail, ruches d'abeille, marchandises
» ou effets exposés sur la foi publique, soit dans les campagnes,
» soit dans les chemins, ventes de bois, foires, marchés et autres
» lieux publics, sera puni de quatre années de détention. »

N°. CXVII. Du 26 fructidor.

Annullation, sur la demande de Guillaume Gibon, de la déclaration du juré de jugement, et du jugement contre lui rendu par le tribunal criminel du département de la Seine-Inférieure, le 27 messidor précédent.

NOTICE ET MOTIFS.

La déclaration sur les faits de complicité a été cumulée avec celle sur l'intention.

Même contravention qu'aux N°s. IV et VII.

N°. CXVIII. Du 19 fructidor.

Annullation, sur la demande de Claude Lasalle, de la déclaration du juré de jugement, et spécialement du jugement contre lui rendu par le tribunal criminel du département de l'Aube, du 15 thermidor précédent.

NOTICE ET MOTIFS.

L'acte d'accusation énonçoit un vol commis dans un cabaret par une personne reçue envers le maître de l'auberge, ce qui présentoit un délit qualifié par l'art. 15 , section 2 , tit. 2 , partie 2 du code pénal, mais la déclaration du juré, conséquente à la question posée, ne porte point sur la seconde circonstance ; savoir, si le vol avoit été commis envers le maître de l'auberge, ou envers toute autre personne reçue, omission qui changeoit la nature du délit, lequel n'étoit plus qualifié. Contravention à la loi du premier brumaire, an 2 , portant : « Qu'il y a nullité lorsque les jurés ont prononcé
» sur d'autres délits que ceux portés en l'acte d'accusation, et
» qu'ils ont omis de prononcer sur quelques-uns de ceux qui y
» sont portés. »

Malgré cette omission, le jugement prononce la peine de huit années de fers, laquelle cependant ne doit avoir lieu qu'autant

État des jugemens de cassation.   D que le juré constate la réalité des circonstances caractéristiques du délit.

Fausse application de l'art. 15, section 2, tit. 2, partie 2 du code pénal, portant : « La disposition portée en l'art. 13 ci-
» dessus s'appliquera également aux vols qui seront commis dans
» les hôtels garnis, auberges, cabarets, maisons de traiteurs, lo-
» geurs, cafés et bains publics ; tout vol qui y sera commis par
» les maîtres desdites maisons, ou par leurs domestiques envers
» ceux qu'ils y reçoivent, ou par ceux-ci envers les maîtres des-
» dites maisons, ou toute autre personne qui y est reçue, sera puni
» de huit années de fers. »

N°. CXIX. Du 26 fructidor.

Annullation, sur la demande de Henri dit Trouvé et autres, de la déclaration du juri de jugement, et spécialement du jugement contre lui rendu par le tribunal criminel du département d'Indre et Loire, le 20 messidor précédent.

NOTICE ET MOTIFS.

L'acte d'accusation présentoit un vol avec violence envers les personnes, et assassinat.

1°. Relativement à la complicité de vol, le président n'avoit posé qu'une seule question sur le fait et sur l'intention, et relativement aux mauvais traitemens qu'une seule question intentionnelle pour deux accusés.

Contravention à l'art. 19 du titre 7 de la loi du 16 septembre 1791, portant : « Le président résumera l'affaire. . . . . . . Il ter-
» minera en posant nettement les diverses questions qu'ils doivent
» décider relativement au fait, à son auteur et à l'intention. »

A l'art. 24 du même titre, portant que : « Chaque juré, en com-
» mençant par leur chef, donnera d'abord sa déclaration sur le
» fait. »

A l'art. 26, portant que : « Ceux des jurés dont les premières
» déclarations auront été affirmatives, en feront une troisième, re-
» lative à l'intention. »

Contravention à la loi du 14 vendémiaire, an 4°., portant :
« A l'avenir, dans toutes les affaires soumises à des jurés de juge-
» ment, les présidens des tribunaux criminels seront tenus de
» poser la question relative à l'intention, et les jurés d'y prononcer
» par une déclaration formelle et distincte, et ce, à peine de
» nullité. »

2°. L'acte d'accusation présentoit un assassinat ; et cependant il n'a été posé ni résolu aucune question sur l'attaque à dessein de tuer.

Contravention à l'art. 21 du titre 7 de la loi du 16 septembre, portant : « Le président posera les questions relatives à l'intention, » résultantes de l'acte d'accusation. »

3°. On a appliqué la peine de mort en vertu de l'art. 14, section 2, titre 2, partie 2 du code pénal, lorsqu'il n'y avoit point d'homicide consommé.

Fausse application de cet article qui porte : « Sera qualifié assas- » sinat, et comme tel puni de mort, *l'homicide* qui aura précédé, » accompagné ou suivi d'autres crimes, tels que ceux de vol, » d'offense à la loi, de sédition, et tous autres. »

Or, cette peine de mort a été appliquée en vertu des articles 21 et 27 du même titre, lorsqu'il n'avoit point été constaté par attes- tation des gens de l'art, que la personne maltraitée étoit par l'effet des blessures rendue incapable de vaquer pendant plus de quarante jours à aucun travail corporel.

Fausse application de ces articles qui portent :

Art. 21 : « Lorsqu'il sera constaté par les attestations légales des » gens de l'art, que la personne maltraitée est par l'effet desdites » blessures rendue incapable de vaquer pendant plus de quarante » jours à aucun travail corporel, le coupable desdites violences sera » puni de deux années de détention.

Art. 27 : « Lorsque les violences spécifiées aux articles 21, etc. » auront été commises avec préméditation et le guet-a-pens, le » coupable sera puni de mort. »

N°. CXX. Du 26 fructidor.

Annullation de la déclaration du juré de jugement, et par suite du jugement rendu par le tribunal criminel du départe- ment de l'Aisne contre Pierre Pierret et autres, le 17 messidor précédent.

NOTICE ET MOTIFS.

L'acte d'accusation présentoit trois délits ; savoir, un pillage de grains commis en la commune de l'Esné, le 26 nivôse ; un autre en la même commune le 27, et un troisième en la commune de Lavallée le 16 pluviôse suivant ; mais la déclaration du juré ne portoit que sur les deux premiers.

Même contravention qu'au N°. I.

Nᵒ. CXXI. Du premier vendémiaire, an IV.

Annullation, sur le réquisitoire du commissaire du Directoire exécutif, d'un jugement du tribunal du Bas-Rhin.

NOTICE ET MOTIFS.

En rejetant le pourvoi de Jean-Michel Feugel contre le jugement du tribunal criminel du département du Bas-Rhin, du 17 thermidor précédent,

Le tribunal de cassation, sur le réquisitoire du commissaire du Directoire exécutif, a annullé la disposition de ce même jugement qui a condamné l'accusé aux frais occasionnés par sa capture, attendu que, suivant la constitution, la justice doit être rendue gratuitement.

Nᵒ. CXXII. Du 2 vendémiaire.

Annullation, sur la demande de Jacques Champeaux, du jugement du tribunal criminel du département de l'Aisne, du 16 messidor précédent.

NOTICE ET MOTIFS.

La déclaration du jury embrassoit cumulativement cinq délits différens dans une seule et même réponse. Elle étoit d'ailleurs vague et insignifiante.

Même contravention qu'au Nᵒ. XVII.

Nᵒ. CXXIII. Du 3 vendémiaire.

Annullation, sur la demande de. . . . . du jugement du tribunal criminel du département de la Haute - Marne, du 17 thermidor précédent.

NOTICE ET MOTIFS.

Le jury a déclaré l'accusé complice, sans spécifier les faits de complicité.

Même contravention qu'aux Nᵒˢ. VII et XVII.

Nᵒ. CXXIV. Du 3 vendémiaire.

Annullation, sur la demande de . . . . du jugement du tribunal criminel du département de Saône et Loire, du 17 thermidor précédent.

NOTICE ET MOTIFS.

L'acte d'accusation portoit sur deux vols commis dans deux lieux différens. Le jury a cumulé les deux faits dans sa déclaration faite sur une seule question qui les comprenoit.

Même contravention qu'au N°. XVII.

L'acte d'accusation portoit aussi sur un vol d'objets confiés à la foi publique. Le jury n'avoit pas passé de déclaration sur cette circonstance essentielle, et servant à caractériser le délit.

Encore même contravention.

Le jugement avoit aussi faussement appliqué la peine portée en l'art. 27 de la seconde section du code pénal contre les vols d'objets exposés sous la foi publique, puisque le jury n'avoit pas passé de déclaration sur cette circonstance.

N°. CXXV. Du 7 vendémiaire.

Annullation, sur la demande de Renaud, du jugement du tribunal criminel du département de la Nièvre, du 28 thermidor précédent.

NOTICE ET MOTIFS.

Déclaration alternative et complexe, *auteur ou complice.*
Même contravention qu'aux N°s. IV et XVII.

N°. CXXVI. Du 8 vendémiaire.

Annullation, sur la demande de Baracher, du jugement du tribunal criminel du département des Hautes-Alpes, du 16 thermidor précédent.

NOTICE ET MOTIFS.

Contravention aux articles 19, 21 et 26 du titre 7 de la loi criminelle, et à celle du 14 vendémiaire, an 3, qui veulent que les questions sur l'intention soient posées et répondues : dans l'espèce il n'y avoit pas de questions intentionnelles.

Même contravention qu'au N°. VII.

N°. CXXVII. Du 8 vendémiaire.

Annullation, sur la demande de Perissie, du jugement du tribunal criminel du département du Tarn, du 17 thermidor précédent.

NOTICE ET MOTIFS.

Point de question relative à l'intention.
Même contravention qu'au N°. VII.

D 3

N°. CXXVIII. Du 9 vendémiaire.

Annullation, sur la demande de Paul Dugué, d'un jugement du tribunal criminel des Ardennes, du 9 thermidor, an 3e.

NOTICE ET MOTIFS.

Paul Dugué avoit été accusé et condamné en la peine portée en l'art. 6, section 5 du code pénal, pour avoir, comme membre du comité révolutionnaire, imposé des taxes arbitraires sans en rendre compte. Cette condamnation avoit été basée sur la loi du 13 frimaire, an 3, qui oblige les dépositaires d'effets ou recettes révolutionnaires à en rendre compte. Mais comme l'art. 11 de la loi de frimaire ne porte que sur les dépositaires infidèles, et qu'aucune peine n'a été prononcée contre les membres de comité révolutionnaire, prévenus d'avoir imposé des taxes sans être accusés de les avoir perçues et gardées pardevers eux, le tribunal a annullé l'acte d'accusation, et par suite le jugement, comme contraire à l'art 5 du titre 21 de la loi du 29 septembre 1791, qui porte : « Qu'aucun acte d'accusation ne peut être présenté au jury que » pour délits emportant peine afflictive, ou infamante, et a ren-» voyé le prévenu devant un autre directeur de jury, pour dresser » un nouvel acte d'accusation, s'il y avoit lieu. »

N°. CXXIX. Du 14 vendémiaire.

Annullation, sur la demande de Pierre Ferret, d'un jugement du tribunal criminel du département du Gard, du 15 thermidor précédent.

NOTICE ET MOTIFS.

Le jury avoit déclaré l'accusé *auteur* ou *complice*; il avoit cumulé le fait du vol avec ses circonstances ; il n'avoit pas passé de déclaration sur la circonstance que l'objet volé étoit exposé sur la foi publique, quoiqu'elle fût énoncée dans l'acte d'accusation.

Même contravention qu'au n°. XVII.

N°. CXXX. Du 14 vendémiaire.

Annullation, sur la demande de Marguerite Jadot, du jugement du tribunal criminel du département de l'Aisne, du 16 thermidor précédent.

NOTICE ET MOTIFS.

Fausse application de la loi. L'acte d'accusation portoit sur un vol commis par une personne reçue habituellement dans une maison pour faire un service salarié. Les jurés n'ont point porté leur déclaration sur la demeure *habituelle*, circonstance caractéristique du délit auquel la loi inflige la peine appliquée par le jugement. Même contravention qu'au n°. XVII.

N°. CXXXI. Du 16 vendémiaire.

Annullation, sur la demande de Françoise Gey, d'un jugement du tribunal criminel du département du Doubs, du 19 thermidor précédent.

NOTICE ET MOTIFS.

Fausse application de la loi. Le jugement a appliqué la peine portée par la dernière disposition de l'article 15 de la section 2, titre 2, partie 2 du code pénal, qui porte sur les vols commis dans les édifices publics, tandis que le jury avoit déclaré l'accusé convaincu d'un vol commis dans une maison dont elle étoit commensale.

N°. CXXXII. Du 21 vendémiaire.

Annullation, sur la demande d'Alexandre-Marie Nayrod, d'un jugement du tribunal de district de Lanion, du 2 messidor précédent.

NOTICE ET MOTIFS.

Une plainte avoit été dirigée contre un officier municipal, qui avoit dressé un procès-verbal qu'on arguoit de faux : le tribunal avoit prononcé qu'il n'y avoit pas lieu à instruire.

Contravention à l'article LXI du décret du 14 décembre 1789 sur l'organisation des municipalités, qui admet tout citoyen à dénoncer les délits des administrations ; mais qui veut qu'avant de porter sa dénonciation devant les tribunaux, il la soumette aux corps administratifs supérieurs, lesquels renvoient, s'il y a lieu, devant les tribunaux. Le tribunal de Lanion, en rejetant la plainte qui avoit été directement adressée au directeur du jury, a privé le citoyen plaignant du droit qu'il avoit de réclamer justice, et il a statué sur une action qu'il auroit dû renvoyer aux corps administratifs.

N°. CXXXIII. Du 22 vendémiaire.

Annullation, sur la demande de Jean Cambon, d'un jugement du tribunal criminel du département des Basses-Alpes, du 16 thermidor précédent.

NOTICE ET MOTIFS.

Jean Cambon avoit été condamné comme complice d'un délit, sans que le jury eût porté sa déclaration sur les faits caractéristiques de complicité, quoiqu'ils fussent spécifiés dans l'acte d'accusation.

Même contravention qu'aux n°s. IV et XVII.

N°. CXXXIV. Du 22 vendémiaire.

Annullation, sur la demande de Boucheray, d'un jugement du tribunal criminel du département de l'Allier, du 15 thermidor précédent.

NOTICE ET MOTIFS.

L'acte d'accusation présentoit un délit qualifié par l'article 27 de la seconde section du titre 2 de la seconde partie du code pénal, parce qu'il énonçoit le vol de bêtes exposées sur la foi publique; et cependant la déclaration du jury ne portoit pas sur cette circonstance caractéristique du délit.

Même contravention qu'aux n°s. II et XVII.

N°. CXXXV. Du 22 vendémiaire.

Annullation, sur la demande de Toucher, du jugement du tribunal criminel du département de l'Allier, du 15 thermidor précédent.

NOTICE ET MOTIFS.

Même espèce, mêmes motifs qu'au numéro précédent.

N°. CXXXVI. Du 22 vendémiaire.

Annullation, sur la demande de Gaynard et Raybaud, d'un jugement du tribunal criminel du département du Var, du 20 thermidor précédent.

NOTICE ET MOTIFS.

Les questions présentées au jury étoient complexes. L'une portoit sur trois vols commis sur trois héritages appartenans à trois particuliers.

Un autre demandoit si les vols avoient été faits avec armes ou sans armes.

Un autre cumuloit l'auteur et le complice.

Même contravention qu'au n°. XVII.

Il y avoit aussi fausse application de la loi, parce qu'on avoit appliqué la peine de l'article 27 de la section 3 du titre 2 de la seconde partie du code pénal, infligée au vol d'objets confiés à la foi publique, à un délit qui, d'après la déclaration, paroit avoir été commis par plusieurs personnes armées.

Nº. CXXXVII. Du 22 vendémiaire.

Annullation, sur la demande de Fournel, d'un jugement du tribunal criminel du département du Gard, du 16 thermidor précédent.

NOTICE ET MOTIFS.

Il s'agissoit d'un vol commis dans une auberge. Le jury n'avoit pas déclaré si le vol avoit été commis envers une personne reçue, ainsi que l'accusé, dans l'auberge ; circonstance annoncée dans l'acte d'accusation, sans laquelle il n'étoit pas possible d'appliquer la peine portée en l'article 15 qui lui a été infligée.

Même contravention qu'au nº. XVII.

Nº. CXXXVIII. Du 22 vendémiaire.

Annullation, sur la demande de Lazure-Connuteau, d'un jugement du tribunal criminel du département de la Nièvre, du 17 thermidor précédent.

NOTICE ET MOTIFS.

La question sur l'auteur étoit alternative et complexe. Le juré avoit déclaré l'accusé *auteur* ou *complice*, sans expliquer les faits caractéristiques de complexité.

Même contravention qu'aux numéros IV. et XVII.

Nº. CXXXIX. Du 23 vendémiaire.

Annullation, sur le réquisitoire du commissaire du Directoire exécutif, de trois jugemens du tribunal du district de Rennes, dont deux du 21 janvier 1793, et le troisième du 13 septembre même année.

NOTICE ET MOTIFS.

Ces jugemens avoient prononcé des plus amplement informés que la nouvelle législation criminelle n'admet pas.

Nº. CXL. Du 23 vendémiaire.

Annullation, sur la demande de Joseph Grimaud, du jugement du tribunal criminel du département de Vaucluse, du 17 ventôse précédent.

NOTICE ET MOTIFS.

Dans une affaire d'homicide, on n'avoit proposé aux jurés que la question de savoir si l'assassinat étoit constant, sans aucune circonstance de préméditation.

Même contravention qu'aux numéros VII et XVII.

N°. CXLI. Du 27 vendémiaire.

Annullation, sur la demande de Bonneman, de Villers et de David, du jugement du tribunal criminel du département de la Somme, du 22 thermidor précédent.

NOTICE ET MOTIFS.

Déclaration alternative et complexe, *auteur* ou *complice*.
Même contravention qu'aux numéros IV et XVII.

N°. CXLII. Du 28 vendémiaire.

Annullation, sur la demande de la veuve Liolard, d'un jugement du tribunal criminel du département du Gard, du 16 thermidor précédent.

NOTICE ET MOTIFS.

Contravention aux dispositions du titre 3 du code pénal sur la complicité, attendu que les jurés ont déclaré l'accusée complice de vol, sans spécifier les faits caractéristiques de la complicité désignés par la loi.
De même qu'au n°. IV.

N°. CXLIII. Du 28 vendémiaire.

Annullation, sur la demande des Pierinard, du jugement du tribunal criminel du département des Basses-Alpes, du 16 thermidor précédent.

NOTICE ET MOTIFS.

Complexité dans la question intentionnelle, parce qu'une seule question sur l'intention avoit été posée relativement à tous les accusés, tandis que la question intentionnelle doit être posée sur chaque accusé.
Même contravention qu'aux numéros VII et XVII.

N°. CXLIV. Du 29 vendémiaire.

Annullation, sur la demande de Colle et Bulet, du jugement du tribunal criminel du département des Vosges, du 15 fructidor précédent.

NOTICE ET MOTIFS.

Cumulation dans la même question du fait du vol avec la circonstance indépendante et aggravante de la nuit.
Même contravention qu'au n°. XVII.

N°. CXLV. Du 29 vendémiaire.

*Annullation, sur la demande de Guillaume Derennes, du juge-
ment du tribunal criminel du département de l'Orne, du 19
fructidor précédent.*

NOTICE ET MOTIFS.

Les jurés, après avoir déclaré convaincu d'avoir coopéré à un
homicide, n'ont passé aucune déclaration ni sur l'attaque à dessein
de tuer, ni sur la préméditation.

Même contravention qu'au n°. VII.

Les jurés avoient donné une déclaration sur une question absolu-
ment étrangère au contenu en l'acte d'accusation, celle de savoir
si l'accusé étoit *par sa conduite* convaincu d'être chouan.

Même contravention qu'au n°. Ier.

N°. CXLVI. Du 29 vendémiaire.

*Annullation, sur le réquisitoire du commissaire du Directoire
exécutif, du jugement du tribunal criminel du district de
Chaumont, du 30 mars 1792.*

NOTICE ET MOTIFS.

Le jugement de Chaumont avoit ordonné qu'attendu l'atrocité
du crime et le commencement des preuves existantes au procès, il
sera plus amplement informé indéfiniment contre François-Antoine
Linard, accusé de parricide ; et cependant, par provision seulement, que ledit Linard seroit mis en liberté.

Le plus amplement informé indéfini n'est point une peine classée
dans le code pénal de 1791, et la loi du 18 janvier 1792 défend
de prononcer d'autres peines que celles portées au code pénal.

N°. CXLVII. Du 29 vendémiaire.

*Annullation, sur la demande de Quentin et Lemaître, du juge-
ment du tribunal criminel du département du Finistère, du 17
thermidor précédent.*

NOTICE ET MOTIFS.

Les accusés avoient été convaincus de recélé, sachant que les
effets provenoient d'un vol, et le jury n'avoit pas dit que le recélé
avoit été fait avec des intentions criminelles.

Même contravention qu'au n°. VII.

N°. CXLVIII. Du 4 brumaire, an IV°.

Annullation, sur la demande de René Sutoch, du jugement du tribunal criminel du département de la Creuze, du 16 fructidor précédent.

NOTICE ET MOTIFS.

Le jugement avoit appliqué la peine portée en l'article 27, section 2, titre 1, partie 2 du code pénal, contre les vols d'objets confiés à la foi publique ; et les jurés n'avoient donné aucune déclaration sur cette circonstance caractéristique du délit, sans laquelle cependant la peine infligée ne pouvoit pas être appliquée.

Même contravention qu'au n°. XVII.

N°. CXLIX. Du 4 brumaire.

Annullation, sur la demande d'Antoine Locorne, d'un jugement du tribunal criminel du département de Saone et Loire, du 18 fructidor précédent.

NOTICE ET MOTIFS.

Il s'agissoit de vol dans une auberge ; mais il n'étoit pas déclaré à qui appartenoient les choses volées.

Même contravention qu'au n°. XVII.

N°. CL. Du 4 brumaire.

Annullation, sur la demande d'André Arnaud, de l'acte d'accusation et du jugement du tribunal criminel du département de Vaucluse, du 22 fructidor précédent.

NOTICE ET MOTIFS.

Le procès-verbal qui constatoit le fait d'homicide dont il s'agissoit, et sur lequel paroissoit basée l'accusation, n'étoit pas joint à l'acte d'accusation, et ne s'est pas trouvé dans les pièces.

Contravention à l'article 14 du titre 1 de la loi criminelle qui exige cette jonction.

N°. CLI. Du 6 brumaire.

Annullation, sur la demande de la femme Laurent et de la veuve Léon, d'un jugement du tribunal criminel du département de la Haute-Garonne, du 24 messidor précédent.

NOTICE ET MOTIFS.

La question sur la complicité des effets volés et celle sur l'in-

tention des accusés avoient été posées et répondues cumulativement sur les deux accusés ; et la réponse des jurés étoit d'ailleurs
alternative et complexe, en ce qu'elle ne portoit pas sur la conviction des accusés d'une manière distincte.

Même contravention qu'aux numéros IV et XVII.

N°. CLII. Du 6 brumaire.

*Annullation, sur la demande de François Besol, d'un jugement
du tribunal criminel du département du Jura, du 17 fructidor
précédent.*

NOTICE ET MOTIFS.

L'accusé a été déclaré complice, sans spécifier les faits caractéristiques de complicité.

Même contravention qu'aux numéros IV et XVII.

N°. CLIII. Du 12 brumaire.

*Annullation, sur la demande de Rondot, du jugement du tri-
bunal criminel du département de la Haute-Saone, du 17
fructidor précédent.*

NOTICE ET MOTIFS.

Déclaration alternative et complexe : *auteur ou complice.*
Même contravention qu'aux numéros IV et XVII.

N°. CLIII, *bis.*

*Annullation, sur la demande de Marin Loudois, de la décla-
tion du juré de jugement, et par suite du jugement contre lui
rendu par le tribunal criminel de la Sarthe, du 17 messidor,
an III.*

NOTICE ET MOTIFS.

Il s'agissoit de vol. La déclaration du juré de jugement portoit
qu'il étoit auteur ou complice : alternative qui ne présentoit rien
de positif.

Même contravention qu'aux numéros IV et XVII.

N°. CLIV. Du 12 brumaire.

*Annullation, sur la demande de Jean Troux, d'un jugement
du tribunal criminel du département de la Haute-Saone, du 21
fructidor précédent.*

NOTICE ET MOTIFS.

Déclaration alternative et complexe, *auteur ou complice.*
Même contravention qu'aux numéros IV et XVII.

N°. CLV. Du 12 brumaire.

Annullation, sur la demande de François Hamanon, du juge-
ment du tribunal criminel du département des Côtes-du-Nord,
du 17 fructidor précédent.

NOTICE ET MOTIFS.

Déclaration alternative et complexe, *auteur* ou *complice*.
Même contravention qu'aux numéros IV et XVII.

N°. CLVI. Du 13 brumaire.

Annullation, sur la demande de Jean Dubois, du jugement
du tribunal criminel du département de Saône-et-Loire, du 15
fructidor précédent.

NOTICE ET MOTIFS.

Il s'agissoit d'un vol fait dans une auberge, dont l'accusé étoit
prévenu.

Le jury n'avoit pas déclaré si l'accusé avoit été reçu dans l'auberge où le vol avoit été commis, circonstance à laquelle l'article
15 de la section 2 du titre 2 du code pénal applique la peine
prononcée par le jugement.

Fausse application de l'article ci-dessus, et même contravention
qu'au n°. XVII.

N°. CLVII. Du 18 brumaire.

Contravention. . . . . *Annullation, sur la demande de Jean*
Joliveau, de l'acte d'accusation, de la déclaration du jury
et du jugement du tribunal criminel du département de la
Nièvre, du 20 thermidor précédent.

NOTICE ET MOTIFS.

L'acte d'accusation ne présentoit qu'un vol commis dans une
écurie, sans aucune circonstance caractéristique d'un délit classé
dans le code pénal.

Même contravention qu'au n°. XXXIV.
La déclaration du jury étoit alternative et complexe.
Même contravention qu'aux numéros IV et XVII.

N°. CLVIII. Du 18 brumaire.

Annullation, sur la demande de François Montagnon, d'un
jugement du tribunal criminel du département de la Moselle,
du 18 fructidor précédent.

NOTICE ET MOTIFS.

Le tribunal criminel avoit appliqué la peine portée en l'art. 12, section 5, tlt. 1, partie 2 du code pénal, prononcée contre le fonctionnaire public convaincu d'avoir détourné ou soustrait des deniers, effets ou titres dont il étoit dépositaire à raison de ses fonctions et par l'effet d'une confiance nécessaire ; cependant, il n'avoit été posé la question de savoir si l'accusé étoit fonctionnaire public, ni s'il étoit dépositaire d'objets soustraits à raison des fonctions publiques qu'il exerçoit, et par l'effet d'une confiance nécessaire.

Contravention à la loi du premier brumaire, an 2, portant qu'il y a nullité lorsque les jurés auront omis de prononcer sur aucun des délits portés en l'acte d'accusation, et fausse application de l'article du code pénal ci-dessus cité.

N°. CLIX. Du 18 brumaire.

Annullation, sur la demande de Rolland, Reinoard et Brunel, du jugement du tribunal criminel du département des Bouches-du-Rhône, du 25 thermidor précédent.

NOTICE ET MOTIFS.

Complexité dans la question intentionnelle, en ce qu'on n'a posé qu'une question sur l'intention, relativement à trois accusés. Même contravention qu'aux n°*. VII et XVII.

N°. CLX. Du 19 brumaire.

Annullation, sur la demande de Jean-Jacques Passinges, du jugement du tribunal criminel du département du Rhône, du......

NOTICE ET MOTIFS.

Des marchandises avoient été mises en dépôt chez le citoyen Passinges, qui étoit accusé d'en avoir disposé. On lui avoit appliqué la peine de la dégradation civique, portée par l'art. 29 de la section 2 du titre 2 du code pénal contre le dépositaire infidèle qui détourne à son profit des objets qui lui ont été confiés, à la charge de les rendre ou de les représenter. La déclaration du jury ne prononçoit pas sur ces deux circonstances caractéristiques du délit, c'est-à-dire, ne disoit pas que les marchandises avoient été confiées à la charge de les rendre ou représenter, ni que l'accusé les eût détournées à son profit.

Fausse application de l'article ci-dessus, qui porte : « Quiconque sera convaincu d'avoir détourné à son profit ou dissipé, ou méchamment et à dessein de nuire à autrui.... toute propriété

» mobiliaire qui lui avoit été confiée gratuitement, à la charge de
» les rendre ou de les représenter. »

Contravention aux articles 19, 21 du titre 7 de la loi sur la
justice criminelle, qui veulent des questions relatives à l'intention.

Nº. CLXI. Du 24 brumaire.

*Annullation, sur la demande de Louis-Benoît et Léonard Assondat,
du jugement du tribunal criminel du département du Rhône, du
17 fructidor précédent.*

NOTICE ET MOTIFS.

Il s'agissoit d'un assassinat non consommé, pour lequel le jugement avoit prononcé la peine de mort, quoiqu'il n'eût été passé
aucune déclaration sur le fait de l'attaque à dessein de tuer.

Même contravention qu'aux nᵒˢ. VII et XVII.

Fausse application de l'art. 13 du tit. 2 de la 2ᵉ. section, partie
2 du code pénal.

Nº. CLXII. Du 24 brumaire.

*Annullation, sur la demande de Jean-Baptiste Gatelier, du
jugement du tribunal criminel du département d'Ille-et-Vilaine,
du 15 septembre 1793.*

NOTICE ET MOTIFS.

Point de question intentionnelle.
Même contravention qu'au nᵒ. VII.

Nº. CLXIII. Du 24 brumaire.

*Annullation, sur la demande de Lebestreaux, du jugement
du tribunal criminel du département de la Marne, du 14 vendémiaire précédent.*

NOTICE ET MOTIFS.

Point de question intentionnelle. Même contravention qu'au nᵒ. VII.

Nº. CLXIV. Du 24 brumaire.

*Annullation, sur la demande de François Jollvet, du jugement
du tribunal criminel du département du Morbihan, du 18 fructidor précédent.*

NOTICE ET MOTIFS.

Il s'agissoit d'un vol d'effets appartenant à la République. Le
jugement

jugement avoit appliqué la peine portée en l'art. 6 de la sect. 6 du titre 2 du code pénal, laquelle ne doit avoir lieu que lorsque l'objet volé est de valeur de 10 liv. et au-dessus. La déclaration du jury ne s'expliquoit pas sur cette circonstance nécessaire pour produire la gravité de la peine.

Même contravention qu'au n°. XVII.

Fausse application de l'art. 6 du code ci-dessus.

N°. CLXV. Du 25 brumaire.

Annullation, sur la demande de Paul Lautier et Françoise Furier sa femme, de la déclaration du juré de jugement, et par suite du jugement contre eux rendu par le tribunal criminel du département du Gard, du 18 fructidor dernier.

NOTICE ET MOTIFS.

Les condamnés étoient présentés comme complices. La déclaration du juré de jugement, relativement à la conviction, porte cumulativement sur les deux.

Complexité et contravention à l'art. 36 du tit. 7 de la loi du 16 septembre 1791, portant : « S'il y a plusieurs co-accusés, le » tribunal déterminera celui qui sera le premier présenté aux » débats, en commençant par le principal accusé, s'il y en a » un ; les autres co-accusés y seront présens et pourront y faire » leurs observations : il sera fait ensuite un débat pour chacun » d'eux sur les circonstances qui lui seront particulières. »

D'ailleurs, il n'y a point eu de question, ni réponse sur la question intentionnelle.

Même contravention qu'au n°. VII.

N°. CLXVI. Du 25 brumaire.

Annullation, sur la demande de Pierre Grand, d'un jugement du tribunal criminel du département de Seine-et-Oise, du 17 fructidor précédent.

NOTICE ET MOTIFS.

Il s'agissoit d'un vol fait dans une auberge. Les jurés n'avoient pas déclaré si l'objet volé appartenoit au maître de l'auberge, ou à une personne reçue dans l'auberge : circonstance caractéristique du délit.

Même contravention qu'au n°. XVII.

Fausse application de l'art. 15, sect. 2, tit. 2, partie 2 du code pénal, puisqu'on avoit appliqué la peine à un fait non spécialement déclaré.

Etat des jugemens de cassation.   E

Nº. CLXVII. Du 26 brumaire.

Annullation, sur la demande des mariés Joinde, du jugement du tribunal criminel du département du Cher, du 16 vendémiaire précédent.

NOTICE ET MOTIFS.

Les jurés avoient déclaré les accusés complices du délit, sans s'expliquer sur les faits caractéristiques de la complicité.

Même contravention qu'aux nᵒˢ. IV et XVII.

Nº. CLXVIII. Du 26 brumaire.

Annullation, sur la demande d'Antoine Marguerite, du jugement du tribunal criminel du département du Doubs, du 18 vendémiaire précédent.

NOTICE ET MOTIFS.

Déclaration alternative et complexe, *auteur* ou *complice*.

Même contravention qu'aux nᵒˢ. IV et XVII.

Nº. CLXIX. Du 26 brumaire.

Annullation, sur la demande de Léonard Villerand, d'un jugement du tribunal criminel du département du Puy-de-Dôme, du 16 vendémiaire précédent.

NOTICE ET MOTIFS.

La question intentionnelle sur le fait de complicité avoit été omise.

Même contravention qu'au nº. VII.

Nº. CLXX. Du 2 frimaire.

Annullation, sur la demande de l'accusateur public, du jugement du tribunal criminel du département de la Vendée, du 17 vendémiaire précédent.

NOTICE ET MOTIFS.

Il s'agissoit d'une accusation portée contre Joseph Brancourt, prévenu d'avoir été un des chefs de la Vendée, et d'avoir, depuis la pacification, conspiré contre la République.

La déclaration du jury ne s'expliquoit pas catégoriquement sur les faits caractéristiques du délit, notamment sur le titre de *chef* ou *commandant*, que la loi du 30 prairial, an 3, punit plus sévèrement, et le jugement avoit appliqué la peine portée en l'article 5 de cette loi, infligée aux habitans de campagne surpris dans des rassemblemens.

Contravention à la loi du premier brumaire, an deuxième, portant peine de nullité contre les déclarations des jurés qui auroient omis de prononcer sur aucun des délits mentionnés en l'acte d'accusation.

N°. CLXXI. Du 2 frimaire.

Annullation, sur la demande des mariés Bove, d'un jugement du tribunal du district des Andelys, du 24 fructidor précédent.

NOTICE ET MOTIFS.

Le jugement avoit rejeté l'appel d'un jugement de tribunal de police correctionnelle, parce que l'appelant n'avoit pas préalablement cité au bureau de conciliation.

Cette formalité n'est point exigée en matière de police correctionnelle, où la partie publique, avec laquelle il n'y a pas lieu à conciliation, joue un rôle actif.

Contravention à l'art. 7 du tit. 10 de la loi du 24 août 1790, qui n'exige la conciliation que sur les appels des jugemens des tribunaux de district.

N°. CLXXII. Du 3 frimaire.

Annullation, sur la demande de Jean Rousseau, du jugement du tribunal criminel du département du Loiret, du 18 vendémiaire précédent.

NOTICE ET MOTIFS.

L'accusation portoit sur un vol d'effets séquestrés sur un père d'émigré, dont l'accusé avoit la surveillance. Cette accusation présentoit le délit de vols d'effets confiés à la garde du prévenu. Le jury a regardé les effets séquestrés comme une propriété nationale, et le jugement a appliqué la peine portée en l'art. 6 de la 6ᵉ. section du titre 2, partie 2 du code pénal, contre les vols d'effets appartenant à l'État : comme si la mesure de précaution du séquestre dépouilloit le séquestré de la propriété de ses effets.

Contravention à la loi du premier brumaire, an 2, qui porte : « qu'il y a nullité et lieu à casser, lorsque les jurés ont prononcé » sur d'autres délits que ceux portés en l'acte d'accusation. »

N°. CLXXIII. Du 8 frimaire.

Annullation, sur la demande de Pierre Veravilley, du jugement du tribunal criminel du département du Jura, du 16 vendémiaire précédent.

NOTICE ET MOTIFS.

Le jury avoit déclaré l'accusé complice, sans spécifier les faits caractéristiques de complicité.

Même contravention qu'aux n°. IV et XVII.

N°. CLXXIV. Du 8 frimaire.

Annullation, sur la demande d'Etienne Colas, du jugement du tribunal criminel du département de Seine-et-Oise, du 16 vendémiaire précédent.

NOTICE ET MOTIFS.

L'acte d'accusation portoit formellement que l'accusé étoit prévenu de s'être rendu coupable de vol, *par récidive, ayant déja été repris de justice.* Il n'a été porté aucune déclaration sur le fait de récidive, quoique l'article 27 du titre 7 de la loi criminelle de 1791 exige précisément une déclaration sur cette circonstance, lorsqu'elle est annoncée dans l'acte d'accusation.

N°. CLXXV. Du 8 frimaire.

Annullation, sur la demande de Maret, Rigault et Ribault, du jugement du tribunal criminel du département de l'Aisne, du 18 vendémiaire précédent.

NOTICE ET MOTIFS.

L'acte d'accusation portoit sur une attaque à dessein de tuer, et sur un vol.

Les jurés avoient déclaré le fait de l'attaque constant, mais n'avoient pas dit que les accusés, ou l'un d'eux en fût auteur; ils les avoient seulement déclarés auteurs du vol : la peine de mort avoit été prononcée. Comme la peine de mort dans ce cas n'est encourue qu'à raison de l'attaque à dessein de tuer, la conviction de l'auteur de ce fait étoit indispensable.

Même contravention qu'au n°. XVII.

Nº. CLXXVI. Du 8 frimaire.

Annullation, sur la demande de Jean - Baptiste Raymons, du jugement du tribunal criminel du département du Jura, du 16 vendémiaire précédent.

NOTICE ET MOTIFS.

L'acte d'accusation portoit sur un vol et sur le crime de bigamie. L'accusation avoit été admise purement et simplement. L'accusateur public s'étoit ensuite désisté de l'accusation de bigamie, et le tribunal lui en avoit donné acte.

La déclaration du jury n'a porté que sur le vol : emission du délit de bigamie. Cependant l'article 1ᵉʳ. du titre 4 de la loi criminelle de 1791 porte que l'accusateur public est chargé de poursuivre les délits sur les actes d'accusation admis par les premiers jurés ; ce qui prouve qu'il ne dépend pas de l'accusateur public de se désister d'une accusation, lorsqu'elle a été admise par le jury d'accusation.

Nº. CLXXVII. Du 14 frimaire.

Annullation, sur la demande de Vincent Chicaneau, du jugement du tribunal criminel du département de la Haute - Garonne, du 15 thermidor précédent.

NOTICE ET MOTIFS.

La déclaration du jury étoit vague et incertaine ; elle cumuloit la réponse sur l'auteur et sur l'intention.

Même contravention qu'aux numéros VII et XVII.

N. CLXXVIII. Du 14 frimaire.

Annullation, sur la demande de Rosalie Herpin, du jugement du tribunal criminel du département du Nord, du 19 vendémiaire précédent.

NOTICE ET MOTIFS.

Le jury avoit déclaré l'accusée coupable de recelé, sachant que les effets provenoient d'un vol, mais n'avoit pas passé de déclaration sur l'intention.

Même contravention qu'au nº. VII.

N°. CLXXIX. Du 14 frimaire.

Annullation, sur la demande de Chanoré, Baroz et Lacase, du jugement du tribunal criminel du département des Hautes-Pyrénées, du 17 vendémiaire dernier.

NOTICE ET MOTIFS.

Le jury avoit déclaré les accusés complices, sans spécifier les faits caractéristiques de la complicité.

Même contravention qu'aux numéros IV et XVII.

N°. CLXXX. Du 14 frimaire.

Annullation, sur la demande de Jean Blanchard, du jugement du tribunal criminel du département de la Loire-Inférieure, du 14 vendémiaire précédent.

NOTICE ET MOTIFS.

Sur une seule et même question, le jury a déclaré l'accusé auteur d'un vol d'effets appartenant à la république, valant plus de 10 liv. ; en sorte que la déclaration porte tout-à-la-fois sur l'auteur, sur le propriétaire de la chose volée, et sur sa valeur.

Même contravention qu'au N°. XVII.

N°. CLXXXI. Du 14 frimaire.

Annullation, sur la demande de Romanet, de la déclaration du juré de jugement, par suite du jugement contre lui rendu par le tribunal criminel du département du Mont - Blanc, le 12 fructidor précédent.

NOTICE ET MOTIFS.

Il s'agissoit de faux. La déclaration relative au fait porte cumulativement sur deux délits.

Complexité. Même contravention qu'au N°. XVII.

N°. CLXXXII. Du 15 frimaire.

Annullation, sur la demande de Maurice Cuisinier, de la déclaration du juré de jugement, et par suite du jugement contre lui rendu par le tribunal criminel du département de la Creuse, le 17 vendémiaire dernier.

NOTICE ET MOTIFS.

Le jugement le condamnoit à mort sur une déclaration du juré, portant qu'il étoit auteur ou complice.

Alternative vague, insignifiante, et qui ne présentoit rien de positif.

Même contravention qu'aux numéros IV et XVII.

N°. CLXXXIII. Du 16 frimaire.

*Annullation, sur la demande de Pierre Maboa, de la déclaration
du juré de jugement, et par suite du jugement contre lui rendu
par le tribunal criminel du département de la Somme, le 27
vendémiaire précédent.*

NOTICE ET MOTIFS.

Il s'agisoit de vol ; et la déclaration ne porte point sur la circonstance, que l'auteur du vol fût reçu habituellement dans la
maison pour y faire un travail salarié, quoique cette circonstance
caractéristique du délit résultât de l'acte d'accusation.

Même contravention qu'aux numéros I et II.

N°. CLXXXIV. Du 16 frimaire.

*Annullation, sur la demande de François Brunet, de la décla-
ration du juré de jugement, et par suite du jugement contre
lui rendu par le tribunal criminel du département du Var, du
18 vendémiaire dernier.*

NOTICE ET MOTIFS.

La déclaration du juré de jugement porte qu'il est auteur ou
complice du meurtre dont il s'agit.

Complexité et alternative vague, insignifiante, et qui ne présente aucun résultat positif.

Même contravention qu'aux numéros IV et XVII.

N°. CLXXXV. Du 16 frimaire.

*Annullation, sur la demande de Jacques et Marie Beleta père et
fils, du débat fait au tribunal criminel du département du
Gers, le 16 vendémiaire précédent, et de tout ce qui a suivi.*

NOTICE ET MOTIFS.

Aux termes de la loi du 16 septembre 1791, partie 2, titre 2,
de celle du 18 janvier 1792, article 6, et de celle du 2 nivôse
an 2, articles 40, 41 et 42, auxquelles s'accorde encore la loi du
3 brumaire dernier, article 266 et suivant, le tribunal criminel
de chaque département, à l'exception du président, ne doit être
composé que de juges pris dans les tribunaux civils et de district,
auxquels seuls la loi a donné qualité et caractère à cet effet.

Néanmoins, dans le procès dont il s'agit, Joseph Lazier, l'un des juges, ayant été empêché, le tribunal l'a fait remplacer par Alexandre Ladrix, homme de loi, lequel n'étoit pas juge de district, et conséquemment n'avoit aucun caractère légal.

N°. CLXXXVI. Du 19 frimaire.

Annullation sur la demande de Françoise Laurence, de la déclaration du juré de jugement, et par suite du jugement contre elle rendu par le tribunal criminel du département de la Manche, le 16 brumaire précédent.

NOTICE ET MOTIFS.

Il s'agissoit du crime d'assassinat ; le juré a répondu cumulativement sur la question du fait et sur celle de l'auteur.

Complexité. Même contravention qu'au n°. XVII.

N°. CLXXXVII. Du 21 frimaire.

Annullation, sur le réquisitoire du commissaire du Directoire exécutif, de trois jugemens du tribunal de district de Châlons, des 10, 30 mars et 24 mai 1792.

NOTICE ET MOTIFS.

Les trois jugemens avoient prononcé de plus amplement informé.

Même contravention qu'au numéro 146.

N°. CLXXXVIII. Du 21 frimaire.

Annullation, sur la demande de Pierre Micheler, d'un jugement du tribunal criminel du département du Jura, du 16 fructidor précédent.

NOTICE ET MOTIFS.

Il s'agissoit d'un vol commis dans une boutique. Le jury n'avoit pas déclaré si la boutique étoit habitée, ou faisoit partie d'une maison habitée : circonstances indiquées par l'acte d'accusation.

Même contravention qu'aux numéros II et XVII.

Le jugement avoit appliqué la peine portée par l'article 16 de la deuxième section du titre 2, partie 2 du code pénal, laquelle concerne le vol fait par deux ou plusieurs personnes, ou une seule personne portant arme meurtrière.

Nº. CLXXXIX. Du 22 frimaire.

Annullation, sur la demande de Matthieu Besson, du débat et du jugement contre lui rendu par le tribunal criminel du département du Haut-Rhin, le 15 brumaire précédent.

NOTICE ET MOTIFS.

Aux termes de la loi du 16 septembre 1791, partie 2, titre 2 de celle du 18 janvier 1792, article 6, et de celle du 2 nivôse an 2, articles 40, 41 et 42, le tribunal criminel de chaque département, à l'exception du président, ne doit être composé que de juges pris dans les tribunaux civils de district, auxquels seuls la loi a donné qualité et caractère à cet effet.

Néanmoins, dans le procès dont il s'agit, le citoyen Desrosier, homme de loi, a été appelé pour compléter le nombre des juges, quoiqu'il ne fût pas juge du tribunal civil, et conséquemment qu'il n'eût aucun caractère.

Nº. CXC. Du 22 frimaire.

Annullation, sur la demande de Larmurier père et fils, du jugement contre eux rendu par le tribunal criminel du département de la Somme, le 24 messidor précédent, et de tout ce qui s'en est ensuivi, notamment du jugement définitif, du 24 messidor.

NOTICE ET MOTIFS.

Ce premier jugement a distrait de l'acte d'accusation et de la procédure instruite dans la forme prescrite par la loi du 16 septembre 1791, un pillage de grains avec meurtre, relativement auquel, comme sur les autres délits, le premier juré avoit dit y avoir lieu à accusation, et a ordonné que ce délit seroit instruit séparément dans la forme prescrite par la loi du 4 messidor dernier; mais cette loi, dont l'objet est d'accélérer les procédures, ne s'appliquoit pas à celles déjà instruites, et ne disposoit que pour l'instruction à venir.

Fausse application de cette loi qui porte, article premier : « Les tribunaux criminels de département connoîtront immédia-» tement des crimes de meurtre et d'assassinat, etc. »

Article 2. « Les auteurs, instigateurs, etc. seront arrêtés sur-» le-champ et traduits sans délai au tribunal du département du » lieu du délit. »

Article 3. « L'accusateur public dressera l'acte d'accusation et » le présentera aux juges, qui décerneront l'ordre de prise-de-corps, » s'il y a lieu. »

N°. CXCI. Du 22 frimaire.

Annullation, sur la demande de Vettard Piot, de la déclaration du juré de jugement, et par suite du jugement contre lui rendu par le tribunal criminel du département de l'Ain, le 17 fructidor précédent.

NOTICE ET MOTIFS.

Un des jurés ayant fait défaut, on l'a remplacé par un citoyen qui n'a point été tiré au sort.

Contravention à la loi du 16 septembre 1791, titre 10, article 11, portant : « Dans tous les cas, s'il manquoit un ou plusieurs » jurés, le directeur du juré le fera remplacer par des citoyens » de la ville, tirés au sort en présence du commissaire du roi » et du public dans la liste des trente, et subsidiairement parmi » les citoyens du lieu ayant les conditions requises. »

A celle du 2 nivôse an 2, article 18, qui contient même disposition ; et à celle du premier brumaire an 2, portant : « Qu'il » y a nullité, lorsque le nombre des jurés requis par la loi n'a » pas été légalement complet. »

2°. La déclaration du juré porte cumulativement sur quatre délits, et il y a même complexité relativement à la question intentionnelle.

Même contravention qu'aux numéros VII et XVII.

N°. CXCII. Du 23 frimaire.

Annullation, sur la demande des mariés Bayol, de l'acte d'accusation et tout ce qui s'en est ensuivi, notamment du jugement rendu contre eux par le tribunal criminel du département du Puy-de-Dôme, le 16 brumaire précédent.

NOTICE ET MOTIFS.

L'acte d'accusation ne présentoit qu'un vol de récolte qui y étoit dit exposé a la foi publique ; mais cet objet est compris dans l'article 35 du code rural, qui fait exception a l'article 27, section 2, titre 2, et autres articles du code pénal.

Ainsi cet acte d'accusation étoit en contravention à l'article 5 du titre 1 de la loi du 16 septembre 1791.

Comme au n°. XXXIV.

Nᵒ. CXCIII. Du 23 frimaire.

Annullation, sur la demande de Pierre Langlois, de la décla-
ration du juré de jugement, par suite et spécialement du
jugement contre lui rendu par le tribunal criminel du dépar-
tement de la Nièvre, le 16 vendémiaire précédent.

NOTICE ET MOTIFS.

Il s'agissoit de vol d'effets publics ; la déclaration du juré de
jugement n'a pas porté sur une circonstance indépendante, comprise en l'acte d'accusation.

Même contravention qu'au nᵒ. XXXIV.

2ᵒ. Elle a déclaré l'accusé complice sans expliquer le fait qui
constitue la complicité.

Même contravention qu'au nᵒ. IV.

3ᵒ. Les questions sur l'auteur, l'intention et les circonstances
indépendantes, ont été posées cumulativement.

Même contravention qu'au nᵒ. XVII.

Nᵒ. CXCIV. Du 27 frimaire.

Annullation, sur le réquisitoire du commissaire et pour l'intérêt
de la loi, de la déclaration du juré d'accusation remise au
bas de l'acte d'accusation dressé contre Leclerc par le direc-
teur du juré de district de Château-Thierry, et de tout ce qui
s'en est ensuivi.

NOTICE ET MOTIFS.

Cet acte d'accusation n'avoit point été communiqué au commissaire national près le tribunal de district.

Contravention à l'article 13 du titre 1 de la loi du 16 septembre 1791, portant : « Les actes d'accusation seront toujours com-
» muniqués au commissaire du roi, avant d'être présentés aux
» jurés. »

Et à la loi du premier brumaire an 2, portant « qu'il y a nul-
» lité lorsque le commissaire national, ou l'accusateur public, n'a
» pas été présent où la loi exige son intervention. »

Nº. CXCV. Du 24 frimaire.

Annullation, sur le réquisitoire du commissaire et pour l'intérêt de la loi, du jugement rendu contre Mesnard par le tribunal criminel du département de la Charente, le 20 juin 1793 (vieux style).

NOTICE ET MOTIFS.

Ce jugement, outre la peine des fers, le condamne aux dépens. Contravention au décret des 17, 19 et 20 septembre 1790, portant, « que les frais de poursuites criminelles sont à la charge « du trésor public » ; et à l'article 7 de la loi du 18 janvier 1792, portant, « toutes les peines actuellement usitées sont abrogées. »

Nº. CXCVI. Du 28 frimaire.

Annullation, sur la demande de Magdeleine Leger, de la déclaration du juré de jugement, et par suite du jugement contre elle rendu par le tribunal criminel du département de Maine-et-Loire, le 18 brumaire précédent.

NOTICE ET MOTIFS.

L'acte d'accusation présentoit le vol d'effets appartenant à la république, de valeur de 10 liv. et au-dessus : circonstance caractéristique du délit sur lequel les jurés n'ont point donné de déclaration.

Même contravention qu'au nº. XVII.

Nº. CXCVII. Du 29 frimaire.

Annullation, sur le réquisitoire du commissaire, du jugement rendu en faveur de Camille Babeuf, par le tribunal criminel du département de l'Aisne, le 30 messidor an 2.

NOTICE ET MOTIFS.

Ce jugement prononçoit son élargissement sans caution, ce qui ne pouvoit avoir lieu pour un délit emportant simplement peine infamante ; au lieu que, dans l'espèce il s'agissoit du crime de faux commis par un fonctionnaire public, délit emportant peine afflictive.

Contravention aux articles 17 et 18 du titre 5 de la loi du 16 septembre 1791, partie 1ᵉ., portant :

Article 17. « Lorsque le prévenu ne donne pas des éclaircisse-« mens suffisant pour détruire les inculpations, alors si le délit est « de nature à mériter peine afflictive, l'officier de police délivre

» un mandat d'arrêt pour le faire conduire à la maison d'arrêt du
» district du lieu du délit. »

Article 18. « Si le délit est de nature à mériter une peine infa-
» mante, l'officier de police délivrera également un mandat d'ar-
» rêt contre le prévenu, à moins qu'il ne fournisse une caution
» suffisante de se représenter lorsqu'il en sera besoin, auquel cas
» il sera laissé à la garde de ses amis qui l'auront cautionné. »

Nº. CXCVIII. Du 29 frimaire.

*Annullation, sur la demande de Philippe Bossuet, du jugement
préparatoire du tribunal criminel du département du Loiret,
du 15 brumaire précédent, de la déclaration du juré subsé-
quent, et spécialement du jugement définitif contre lui rendu
au même tribunal, le*

NOTICE ET MOTIFS.

L'un des jurés s'étant trouvé absent, le tribunal ordonna qu'il
seroit remplacé par l'un des adjoints.

Contravention aux articles 27 et 28 du titre 8 de la loi du 16
septembre 1791, et à la loi du premier brumaire an 2, portant :

Article 27. « La décision des jurés ne pourra jamais être sou-
» mise à l'appel. Si néanmoins le tribunal est manifestement con-
» vaincu que les jurés se sont trompés, il ordonnera que trois jurés
» seront adjoints aux douze premiers pour donner une déclaration,
» aux quatre cinquièmes des voix. »

Article 28. « À cet effet, après avoir formé le tableau du
» juré, il en sera toujours tiré au sort trois de plus, lesquels se-
» ront placés dans l'auditoire ; ils prêteront serment lorsqu'ils se-
» ront requis de se joindre aux autres jurés. »

Loi du premier brumaire : « Il y a nullité lorsque le nombre
» des jurés requis par la loi n'a pas été légalement complet, et
» lorsque l'accusé et ses conseils ayant requis l'exécution d'une
» formalité quelconque déterminée par la loi, cette formalité n'a
» pas été remplie. »

2º. Les jurés ayant déclaré qu'il avoit déjà été repris de justice, sans expliquer si c'étoit pour crime classé dans le code pénal, tandis que l'acte d'accusation expliquoit que c'étoit comme
contrebandier, délit qui n'est plus mis au rang des crimes, les
juges ont appliqué la peine de déportation.

Fausse application de l'article 1er. du titre 2 de la 1re. partie
du code pénal, portant : « Quiconque aura été repris de justice
» par crime, s'il est convaincu, sera déporté. »

N°. CXCIX. Du 29 frimaire.

Annullation, sur la demande de Hautecœur, de la déclaration du juré de jugement, par suite et spécialement du jugement contre lui rendu par le tribunal criminel du département de la Loire-Inférieure, du 19 vendémiaire précédent.

NOTICE ET MOTIFS.

L'acte d'accusation présentoit quatre délits, la déclaration du juré de jugement ne porte que sur deux.

Même contravention qu'au n°. II.

La déclaration portoit cumulativement sur le fait, l'auteur et l'intention.

Même contravention qu'au n°. XVII.

Le jugement le condamnoit à la déportation comme rebelle de la Vendée, pour avoir violé son serment de fidélité à la République, quoiqu'il ne fût point déclaré chef.

Contravention à l'article 5 de la loi du 30 prairial, qui fait exception en faveur de ceux qui n'ont point été chefs des chouans, et qui ne seront point convaincus d'avoir participé aux assassinats. « Lesquels seront punis, selon la gravité des cas, de deux, trois, » ou quatre mois de détention, et d'une amende égale à la moitié » de leurs revenus, et leur liberté ne leur sera rendue que sous » la caution de quatre citoyens connus, qui répondront de leur con- » duite. »

N°. CC. Du 4 nivôse an 4.

Annullation, sur la demande des nommés Thoré père et fils, de la déclaration du juré de jugement, et par suite du jugement contre eux rendu par le tribunal criminel du département du Loiret, le 16 brumaire précédent.

NOTICE ET MOTIFS.

L'acte d'accusation présentoit une attaque à dessein de tuer, mais la déclaration du juré de jugement n'a pas porté sur cette question intentionnelle.

Même contravention qu'aux n°s. II et XVII.

Nº. CCI. Du 4 nivôse.

Annullation, sur la demande de Jean - Baptiste Doidet, de la déclaration du juré de jugement, et par suite du jugement contre lui rendu par le tribunal criminel du département de la Meurthe, le 16 vendémiaire précédent.

NOTICE ET MOTIFS.

La déclaration du juré relativement à l'intention porte cumulativement sur deux accusés : complexité.

Même contravention qu'au nº. XVII.

Nº. CCII. Du 6 nivôse.

Annullation, sur la demande de Jean-Baptiste Houdin, de la déclaration du juré de jugement, et par suite du jugement contre lui rendu par le tribunal criminel du département de Seine-et-Oise, le 18 vendémiaire précédent.

NOTICE ET MOTIFS.

La déclaration du juré de jugement avoit omis de prononcer sur deux des délits portés en l'acte d'accusation.

Même contravention qu'au nº. II.

Nº. CCIII. Du 6 nivôse.

Annullation, sur la demande de Louis Prevôt, de la déclaration du juré de jugement, et par suite du jugement contre lui rendu par le tribunal criminel du département de la Meurthe, le 18 vendémiaire précédent.

NOTICE ET MOTIFS.

L'acte d'accusation présentoit le vol d'une personne reçue dans une auberge, envers le maître de l'auberge : dernière circonstance, qui, aux termes de l'article 15, section 2, titre 2, du code pénal, étoit seule caractéristique du délit, sur laquelle néanmoins le juré ne s'est point expliqué : en sorte qu'il est vrai de dire que la déclaration ne porte point sur le fait ou sur le délit compris en l'acte d'accusation.

Même contravention qu'aux nºˢ. II et XVII.

N°. CCIV. Du 11 nivôse.

Annullation, sur la demande de Claude Mamers, de la décla-
ration du juré de jugement, et par suite du jugement contre
lui rendu par le tribunal criminel du département du Doubs,
le 19 vendémiaire précédent.

NOTICE ET MOTIFS.

L'acte d'accusation présentoit le vol d'une personne reçue dans
une auberge envers la maîtresse de l'auberge : dernière circonstance, qui, aux termes de l'article 15, section 2, titre 2
du code pénal, étoit essentielle pour caractériser le délit, sur
laquelle néanmoins le juré ne s'est point expliqué ; en sorte qu'il
est vrai de dire que la déclaration ne porte point sur le fait ou
sur le délit compris en l'acte d'accusation.

Même contravention qu'aux n°s. II et XVII.

N°. CCV. Du 13 nivôse.

Annullation, sur la demande des Laylon, de la déclaration
du juré de jugement, et par suite du jugement contre eux
rendu par le tribunal criminel du département des Bouches-
du-Rhône, du 28 nivôse précédent.

NOTICE ET MOTIFS.

La déclaration du juré portoit cumulativement sur l'intention
des deux accusés.

Complexité. Même contravention qu'aux n°s. VII et XVII.

N°. CCVI. Du 17 nivôse.

Annullation, sur la demande de Blondel, du jugement du
tribunal criminel du département de la Seine-Inférieure, du
8 frimaire.

NOTICE ET MOTIFS.

Le jugement avoit condamné l'accusé à la peine des fers,
pour dissipation et concussion commises dans l'exercice de
ses fonctions de maire dans le temps du gouvernement révolutionnaire.

La loi du 16 fructidor, an 3e., a annullé toutes procédures
et jugemens intervenus dans les tribunaux quelconques, contre
les membres des corps administratifs et comités de surveillance,
sur réclamations d'objets saisis et taxes révolutionnaires, sauf
aux réclamans à se pourvoir devant le comité des finances pour
leur être fait droit, s'il y a lieu.

La

La loi du 4 brumaire an 4°. prononce la même cumulation sous la réserve de l'action civile.

N°. CCVII. Du 17 nivôse.

Annullation, sur la demande de Pommier, de la déclaration du juré de jugement, et par suite du jugement contre lui rendu par le tribunal criminel du département du Mont-Blanc, le 16 brumaire précédent.

NOTICE ET MOTIFS.

L'acte d'accusation présentoit le vol d'une personne reçue dans une auberge, envers l'aubergiste, ou autre personne reçue, dernière circonstance qui, aux termes de l'article 15, section 2, titre 2 du code pénal, caractérisoit le délit, sur laquelle néanmoins le juré ne s'est point expliqué, en sorte qu'il est vrai de dire que la déclaration ne porte point sur le fait ou sur le délit compris en l'acte d'accusation.

Même contravention qu'aux n°s. II et XVII.

N°. CCVIII. Du 18 nivôse.

Annullation, sur la demande de Pignorel, de la déclaration du juré de jugement, et par suite du jugement contre lui rendu par le tribunal criminel du département du Jura, le 15 brumaire précédent.

NOTICE ET MOTIFS.

L'acte d'accusation présentoit un vol d'effets exposés sur la foi publique, circonstance qui, aux termes de l'article 27, section 2, titre 2 du code pénal, étoit caractéristique du délit, et cependant la déclaration du juré n'a pas porté sur cette circonstance essentielle, en sorte qu'il est vrai de dire qu'elle ne porte point sur le fait ou sur le délit compris en l'acte d'accusation.

Même contravention qu'aux n°s. II et XVII.

N°. CCIX. Du 18 nivôse.

Annullation, sur la demande de Julienne David, de la déclaration du juré de jugement, par suite du jugement contre elle rendu par le tribunal criminel du département de la Loire, le 16 brumaire précédent.

NOTICE ET MOTIFS.

L'acte d'accusation présentoit le vol commis par une personne reçue habituellement dans une maison pour y faire un service salarié; mais la déclaration du juré ne porte que sur le service, sans expliquer s'il étoit habituel; circonstance qui cependant, aux termes de l'article 13, section 2, titre 2, partie 2 du code pénal, est exigée pour caractériser le délit : en sorte qu'il est vrai de dire que la déclaration ne porte point sur le fait ou sur le délit compris en l'acte d'accusation.

Même contravention qu'aux n°s. II et XVII.

N°. CCX. Du 19 nivôse.

Annullation, au respect et sur la demande de Jacques Dapin et Marguerite Fournier, de la déclaration du juré de jugement, et par suite du jugement contre eux rendu par le tribunal criminel du département de Seine - et - Oise, le 19 brumaire précédent.

NOTICE ET MOTIFS.

L'acte d'accusation présentoit le vol de personnes reçues dans une auberge, envers le maître de l'auberge, dernière circonstance qui, aux termes de l'article 15, section 2, titre 2 du code pénal, étoit essentielle pour caractériser le délit, sur laquelle néanmoins le juré ne s'est point expliqué : en sorte qu'il est vrai de dire que la déclaration ne porte point sur le fait ou sur le délit compris en l'acte d'accusation.

Même contravention qu'aux N°s. II et XVII.

N°. CCXI. Du 24 nivôse.

Annullation, sur la demande de Nicolas Verrun et autres, du jugement contre eux rendu par le tribunal criminel du département de la Seine, du 21 brumaire précédent.

NOTICE ET MOTIFS.

C'étoient des militaires de la cinquième compagnie du troisième bataillon de la cent vingt-huitième demi-brigade, faisant partie de l'armée campée sous Marly, étant à Paris dans l'arrondissement de l'armée.

Le tribunal ordinaire étoit incompétent pour les juger.

Contravention à l'article 20 de la loi du 3 pluviôse, an 2, portant : « Les tribunaux criminels ordinaires, et les juges-de-» paix civils connoîtront des délits commis par les militaires hors » du territoire occupé par les armées, en se conformant en tout » aux dispositions de la présente loi. »

N°. CCXII. Du 24 nivôse.

Annullation, sur la demande de Quéties, de la formation du juré et de tout ce qui s'en est ensuivi, notamment du jugement contre lui rendu par le tribunal criminel du département de la Seine, le 2 frimaire précédent.

NOTICE ET MOTIFS.

On avoit admis deux jurés de remplacement, sans qu'ils eussent été tirés au sort. Vice bien essentiel et contravention à l'art. 31 de la loi du 2 nivôse an 2, conforme à l'art. 19 du titre 2 de la loi du 16 septembre 1791, portant : « S'il manque un ou plusieurs » jurés au jour indiqué, le président les fera remplacer par des » citoyens de la ville, tirés au sort en présence du commissaire » du roi et du public. »

N°. CCXIII. Du 24 nivôse.

Annullation, sur la demande de Billard, du jugement contre lui rendu par le tribunal criminel du département de l'Eure, le 12 frimaire précédent.

NOTICE ET MOTIFS.

Les parties procédoient sur l'appel d'un jugement de police correctionnelle. Le demandeur avoit signifié son appel et intimation au tribunal de district le 4 vendémiaire, époque à laquelle il n'étoit sujet qu'à l'ancienne forme, la nouvelle n'ayant été introduite que par la loi du 3 brumaire suivant : cet appel ne devenoit donc sujet à la dernière loi qu'à compter du 7 frimaire, époque de l'exploit d'anticipation au tribunal criminel, depuis laquelle époque on auroit dû au moins laisser au demandeur le délai de dix jours pour fournir ses moyens ; mais le jugement rendu cinq jours après le déclare déchu, faute d'avoir fourni ses moyens.

Fausse application de l'article 193 de la loi du 3 brumaire, an 4, qui porte : « La requête contenant les moyens d'appel est » remise au greffe du tribunal correctionnel dans les dix jours ac- » cordés par la loi pour appeler, à peine de déchéance de » l'appel. »

D'une autre part, le jugement n'avoit point été rendu sur un rapport fait par un des juges.

Contravention à l'art. 199, portant : « Il (l'appel) est jugé » à l'audience, sur un rapport fait par un des juges, à peine de » nullité. »

N°. CCXIV. Du 27 nivôse.

Annullation, sur la demande de Morel, de l'acte d'accusation dressé par le directeur du juré du tribunal de district de Chartres, le 26 fructidor précédent, et de tout ce qui s'en est ensuivi.

NOTICE ET MOTIFS.

L'acte d'accusation ne présentoit qu'un vol simple sans aucune des circonstances aggravantes signalées par le code pénal.

Même contravention qu'au N°. XXXIV.

N°. CCXV. Du 3 pluviôse.

Annullation, au respect et sur la demande de Victoire Clotilde, du jugement contre elle rendu par le tribunal criminel du département de la Seine-Inférieure, le 20 vendémiaire précédent.

NOTICE ET MOTIFS.

Elle n'étoit âgée que de 14 ans; les jurés avoient déclaré qu'elle avoit commis le délit sans discernement et sans intention criminelle; et cependant on l'avoit condamnée à la détention dans une maison de correction jusqu'à l'âge de 18 ans.

Contravention aux articles 1 et 2 du titre 8 de la loi du 16 septembre 1791, portant : Art. 1. « Lorsque l'accusé aura été déclaré » non convaincu, le président prononcera qu'il est acquitté de l'ac- » cusation, et ordonnera qu'il soit sur-le-champ mis en liberté. »

Article 2 : « Il en sera de même si les jurés ont déclaré que le » fait a été commis involontairement , sans aucune intention de » nuire. »

N°. CCXVI. Du 7 pluviôse.

Annullation, sur la dénonciation du Commissaire, du jugement rendu contre Levasseur, le 29 vendémiaire précédent.

NOTICE ET MOTIFS.

La déclaration du juré portoit qu'il n'étoit point convaincu ; le tribunal l'a acquitté ; mais par une disposition subséquente, a renvoyé l'acte d'accusation et les pièces à l'administration départementale de l'Oise , pour être statué ce qu'il appartiendra sur la réintégration, toutes choses au surplus demeurantes en état. Contravention à l'article 1 du titre 8 de la loi du 16 septembre 1791, portant : « Lors- » que l'accusé aura été déclaré non convaincu , le président pro- » noncera qu'il est acquitté de l'accusation, et ordonnera qu'il soit » sur-le-champ mis en liberté. »

Nº. CCXVII. Du 7 pluviôse.

Annullation, sur la demande de Marie Chamaillon et autres, de la déclaration du juré de jugement, et par suite du jugement contre eux rendu par le tribunal criminel du département de la Loire, le 16 vendémiaire précédent.

NOTICE ET MOTIFS.

Au respect de Marie Chamaillon, les jurés avoient déclaré qu'elle étoient complice, sans autrement constater le fait qui constituoit la complicité.

Même contravention qu'au Nº. IV.

D'une autre part, la question intentionnelle avoit été portée et résolue cumulativement à l'égard de tous les accusés.

Contravention à l'article 250 de la constitution, portant : « Les » juges ne peuvent poser aux jurés aucune question complexe. »

Nº. CCXVIII. Du 7 pluviôse.

Annullation, sur la demande de Chamoureux, de la déclaration du juré de jugement, et par suite du jugement contre lui rendu par le tribunal criminel du département de la Mese, le . . . .

NOTICE ET MOTIFS.

L'acte d'accusation présentoit le vol pendant la nuit, d'un effet exposé sur la foi publique. La déclaration du juré de jugement ne porte point sur cette dernière circonstance essentielle et caractéristique du délit.

Même contravention qu'au Nº. II.

La déclaration du juré porte cumulativement sur le fait et sur la circonstance de la nuit, quoiqu'elle amene une peine plus forte.

Même contravention qu'au Nº. XVII.

Nº. CCXIX. Du 9 pluviôse.

Annullation, sur la demande de Berou, de l'acte d'accusation dressé contre lui, et de tout ce qui s'en est ensuivi, notamment du jugement contre lui rendu par le tribunal criminel du département de la Seine-Inférieure, le 19 brumaire précédent.

NOTICE ET MOTIFS.

On le présentoit comme coupable de bris de scellés, quoiqu'il n'eût fait que rompre, dans le temps de l'arrestation, le cachet de celui qui l'arrêtoit.

F 3

Contravention à l'article 5 du titre 1 de la loi du 16 septembre 1791, portant : « Aucun acte d'accusation ne pourra être présenté au juré que pour un délit emportant peine afflictive ou » infamante. »

Nº. CCXX. Du 9 pluviôse.

Annullation, sur la demande de Chapuy, de la déclaration du juré de jugement, et par suite du jugement contre lui rendu par le tribunal criminel du département de la Loire, le 15 frimaire précédent.

NOTICE ET MOTIFS.

L'acte d'accusation présentoit deux vols. La déclaration du juré ne porte que sur l'un.

Même contravention qu'au Nº. II.

Celui sur lequel portoit la déclaration étoit un vol commis dans une auberge envers d'autres personnes reçues : dernière circonstance qui étoit essentielle, aux termes de l'article 15, section 2, titre 2 du code pénal, pour caractériser le délit ; et cependant le juré ne s'est point expliqué sur cette circonstance.

Même contravention qu'au Nº. XVII.

Nº. CCXXI. Du 14 pluviôse.

Annullation, sur la demande de Henry, de la déclaration du juré de jugement, par suite du jugement contre lui rendu par le tribunal criminel du département de la Marne, le 17 frimaire précédent.

NOTICE ET MOTIFS.

L'acte d'accusation présentoit un vol domestique ; mais la déclaration du juré ne porte point sur la domesticité, quoiqu'aux termes de l'article 13, section 2, titre 2 du code pénal, cette circonstance fût essentielle pour caractériser le délit.

Même contravention qu'au Nº. XVII.

Nº. CCXXII. Du 14 pluviôse.

Annullation, sur la demande de Victor Armand, de la déclaration du juré de jugement, et par suite du jugement contre lui rendu par le tribunal criminel du département du Loiret, le 15 frimaire précédent.

NOTICE ET MOTIFS.

L'acte d'accusation présentoit le vol d'une personne reçue dans une auberge envers une autre personne également reçue ; dernière circonstance , qui , aux termes de l'article 15, section 2 , titre 2 du code pénal, étoit essentiellement constitutive du délit , sur laquelle néanmoins les jurés ont omis de prononcer : en sorte qu'il est vrai de dire que la déclaration ne porte point sur le fait ou sur le délit compris en l'acte d'accusation.

Même contravention qu'aux Nos. II et XVII.

Nº. CCXXIII. Du 16 pluviôse.

Annullation , sur la demande de Jean Blin et Louis Bonhomme , de la déclaration du juré de jugement , et par suite du jugement contre eux rendu par le tribunal criminel du département de la Mayenne , le 16 frimaire précédent.

NOTICE ET MOTIFS.

La déclaration du juré, relativement au fait, porte cumulativement sur deux vols : deux délits très-distincts.

Complexité. Même contravention qu'au Nº. XVII.

Nº. CCXXIV. Du 16 pluviôse.

Annullation , sur la demande d'Antoine Dénoal-Detoucinas , de la déclaration du juré de jugement , par suite du jugement contre lui rendu par le tribunal criminel du département de l'Aveyron , le 17 brumaire dernier.

NOTICE ET MOTIFS.

La déclaration du juré de jugement porte qu'il est auteur, fauteur ou complice du délit dont il s'agit , sans déterminer lequel des trois , ni spécifier aucun fait de complicité. Ce qui est vague , insignifiant, et ne présente aucun résultat positif.

Complexité. Même contravention qu'aux Nos. IV et XVII.

Nº. CCXXV. Du 16 pluviôse.

Annullation, sur la demande de Quantier et autres , de la déclaration du juré de jugement , et par suite du jugement contre eux rendu par le tribunal criminel du département de Maine-et-Loire , le 19 frimaire précédent.

NOTICE ET MOTIFS.

La déclaration du juré de jugement porte cumulativement sur l'intention de trois accusés et a amené la peine de mort.

Complexité. Même contravention qu'au Nº. XVII.

Nᵒ. CCXXVI. Du 22 pluviôse.

Annullation, sur la demande de Jean-Etienne Aubert, de la dé-
claration du juré de jugement, et par suite du jugement contre
lui rendu par le tribunal criminel du département des Ardennes,
le 25 ventôse précédent.

NOTICE ET MOTIFS.

L'un des jurés n'étoit âgé que de 24 ans.

Contravention à la loi du 2 nivôse, an 2ᵉ. article premier, portant : « La loi appelle aux fonctions de jurés tous les citoyens âgés de
» 25 ans accomplis. »

Et à la loi du premier brumaire, an 2ᵉ., portant : « Qu'il y a
» nullité lorsque le nombre des jurés requis par la loi n'a pas été
» complet. »

Nᵒ. CCXXVII. Du 27 pluviôse.

Annullation, sur la demande de Marie-Catherine-Sophie Pruchon,
de la déclaration du juré d'accusation donnée devant le direc-
teur du juré de l'arrondissement de Peyronne, le 20 frimaire
précédent, et de tout ce qui s'en est ensuivi.

NOTICE ET MOTIFS.

L'un des jurés ayant fait défaut, il fut remplacé par un citoyen
non tiré au sort, vice bien essentiel, et qui tendroit à introduire
l'arbitraire.

Contravention à l'article 500 du code des délits et des peines,
portant : « Dans tous les cas, s'il manque un ou plusieurs jurés au
» jour indiqué, le directeur du jury le fait remplacer par un citoyen
» de la commune du lieu où le jury se trouve assemblé, le citoyen
» est tiré au sort en présence du commissaire du pouvoir exécutif
» et du public. »

Nᵒ. CCXXVIII. Du 27 pluviôse.

Annullation, sur la demande de Guillaume Salasse, de la dé-
claration du juré de jugement, par suite du jugement contre
lui rendu par le tribunal criminel du département de l'Allier,
le 22 nivôse précédent.

NOTICE ET MOTIFS.

Il s'agissoit d'un vol de jument, il n'a été posé aucune question
intentionnelle.

Même contravention qu'au Nᵒ. VII.

N°. CCXXIX. Du 28 pluviôse.

Annullation, sur la demande de Perinne Grée et autres, de la déclaration du juré de jugement, et par suite du jugement contre eux rendu par le tribunal criminel du département d'Ille et Vilaine, le 18 frimaire précédent.

NOTICE ET MOTIFS.

A l'égard de la première, il n'a été posé, ni résolu aucune question intentionnelle.

Même contravention qu'au N°. VII.

A l'égard des autres on avoit cumulé trois questions dans une complexité.

Même contravention qu'au N°. XVII.

N°. CCXXX. Du 29 pluviôse.

Annullation, sur la demande de R sset, de la déclaration du juré de jugement, par suite du jugement contre lui rendu par le tribunal criminel du département de l'Ain, le 18 nivôse précédent.

NOTICE ET MOTIFS.

Il n'a été posé aucune question relative à l'intention.
Même contravention qu'au N°. VII.

N°. CCXXXI. Du 4 ventôse.

Annullation, sur la demande d'Anne Mortier, du jugement du tribunal criminel du département du Doubs, du 18 nivôse précédent.

NOTICE ET MOTIFS.

La déclaration du juré d'accusation n'étoit point datée.

Nullité prononcée par l'art. 247 du code des délits et des peines, du 3 brumaire, an 4°., qui porte : « La déclaration du jury est » datée et signée par leur chef, *à peine de nullité.* »

Nº. CCXXXII. Du 4 ventôse.

*Annullation, sur la demande de Jean Funchaux, de la décla-
ration du juré de jugement, par suite du jugement contre lui
rendu par le tribunal criminel du département du Bas-Rhin,
le 17 nivôse précédent.*

NOTICE ET MOTIFS.

Il s'agissoit de vol : il n'a été posé, ni résolu aucune question
intentionnelle.

Même contravention qu'au Nº. VII.

Nº. CCXXXIII. Du 4 ventôse.

*Annullation, sur la demande d'Anne Moulhoir, de la déclara-
tion du juré de jugement, par suite et spécialement du jugement contre elle rendu par le tribunal criminel du département de la Manche, le 15 nivôse précédent.*

NOTICE ET MOTIFS.

Il s'agissoit de vol : il n'a été posé, ni résolu aucune question
intentionnelle.
Même contravention qu'au Nº. VII.

D'une autre part, on a appliqué la peine portée par l'art. 15,
section 2, titre 2 du code pénal, quoique la déclaration du juré
ne présentât point les circonstances qui, d'après l'article, carac-
térisent le délit.

Fausse application de cet article, portant : « Tout vol qui sera
» commis par les maîtres desdites maisons, ou par leurs domes-
» tiques envers ceux qu'ils y reçoivent, ou par ceux-ci envers les
» maîtres desdites maisons, ou toute autre personne qui y est reçue,
» sera puni de huit années de fers. »

Nº. CCXXXIV. Du 6 ventôse.

*Annullation, sur la demande de Jacques Michel et autres, de la
déclaration du juré de jugement, par suite du jugement contre
eux rendu par le tribunal criminel du département du Gard, le
18 frimaire précédent.*

NOTICE ET MOTIFS.

Il s'agissoit d'excès et de maltraitemens. La question étoit ainsi
posée relativement à chacun : Est-il auteur ou complice ? sans au-
cunement expliquer les faits constitutifs de la complicité. Question

complète , vague , insignifiante , dont la réponse par oui ou non ne peut présenter aucun résultat positif.

Même contravention qu'aux N°s. IV et XVII.

N°. CCXXXV. Du 6 ventôse.

Annullation , sur la demande de Madelaine Couturier , de l'ordonnance de prise de corps contre elle rendue par le directeur du juré du tribunal central d'accusation du département de la Somme , le 27 brumaire précédent, et de tout ce qui a suivi.

NOTICE ET MOTIFS.

L'ordonnance de prise de corps ne contient point le signalement de l'accusé, quoiqu'il fût pour lors connu.

Contravention aux articles 258 et 259 du code des délits et des peines, portant , art. 258 : « Si le prévenu n'a pas été reçu à caution , le directeur du juré rend sur le champ une ordonnance de prise de corps contre l'accusé. »

Art. 259 : « Les ordonnances mentionnées dans les deux articles précédens sont nulles , si elles ne contiennent le nom de l'accusé, son signalement, sa profession et son domicile , s'ils sont connus, etc. »

N°. CCXXXVI. Du 6 ventôse.

Annullation, sur la demande de Royer , de l'ordonnance de prise de corps contre lui rendue par le directeur du juré d'accusation , de l'arrondissement de Saint-Quentin , le 20 frimaire précédent , et de tout ce qui a suivi.

NOTICE ET MOTIFS.

Cette ordonnance ne contient , ni le signalement, ni la profession , ni le domicile , ni mention de la loi en conformité de laquelle elle est rendue.

Contravention à l'art. 259 du code des délits et des peines , portant : « Les ordonnances mentionnées dans les deux articles précédens sont nulles , si elles ne contiennent le nom de l'accusé, son signalement, sa profession, son domicile, s'ils sont connus ; ainsi que la copie de l'acte d'accusation, et si elles ne rappellent la loi en conformité de laquelle elles sont portées. »

Nº. CCXXXVII. Du 11 ventôse.

Annullation, sur la demande de Charles - Maurice - Bonaventure Rosset, de la déclaration du juré de jugement, par suite du jugement contre lui rendu par le tribunal criminel du département de l'Ain, le 13 nivôse précédent.

NOTICE ET MOTIFS.

La question relative au fait comprend cumulativement différens vols commis envers différentes personnes, et en différens temps ; celle relative à l'auteur est de savoir s'il est complice, sans expliquer le fait constitutif de la complicité.

Même contravention qu'au Nº. IV.

Nº. CCXXXVIII. Du 11 ventôse.

Annullation, sur la demande d'Etienne Marché, de la déclaration du juré de jugement, par suite du jugement contre lui rendu par le tribunal criminel du département du Cantal, le 15 nivôse précédent.

NOTICE ET MOTIFS.

La question soumise aux jurés a été de savoir s'il étoit complice, sans aucune explication, ni distinction des faits constitutifs de la complicité.

Même contravention qu'au Nº. IV.

Nº. CCXXXIX. Du 12 ventôse.

Annullation, sur la demande de Joseph Bellier, de l'ordonnance de prise de corps contre lui décernée par le directeur du juré d'accusation du département de la Seine, le . . . . ., et de tout ce qui s'en est ensuivi.

NOTICE ET MOTIFS.

L'ordonnance de prise de corps ne contient point le signalement de l'accusé, quoiqu'il fût alors détenu.

Contravention à l'art. 259 du code des délits et des peines, portant : « Les ordonnances mentionnées dans les deux articles précé-
» dens sont nulles, si elles ne contiennent le nom de l'accusé,
» son signalement, sa profession, son domicile, s'ils sont
» connus, etc. »

Nº. CCXL. Du 12 ventôse.

Annullation, sur la demande de Duval, de la déclaration du juré de jugement, par suite du jugement contre lui rendu par le tribunal criminel du département du Calvados, le 20 nivôse précédent.

NOTICE ET MOTIFS.

Il s'agissoit d'un vol commis dans un café par une personne qui y étoit reçue, envers une autre personne également reçue ; dernière circonstance caractéristique du délit, sur laquelle néanmoins le juré a omis de prononcer.

Même contravention qu'au Nº. XVII.

Nº. CCXLI. Du 17 ventôse.

Annullation, sur la demande de Louis Claveau, de la déclaration du juré de jugement, par suite du jugement contre lui rendu par le tribunal criminel du département de la Vendée, le 25 nivôse précédent.

NOTICE ET MOTIFS.

Il s'agissoit de vol. La question a été ainsi posée : Est-il auteur, ou complice ? Alternative vague, insignifiante et qui ne peut amener aucun résultat positif.

Même contravention qu'aux Nºs. IV et XVII.

Nº. CCXLII. Du 17 ventôse.

Annullation, sur la demande de Bonnefoi, de l'ordonnance de prise de corps décernée contre lui, le 26 frimaire précédent, et de tout ce qui a suivi.

NOTICE ET MOTIFS.

Cette ordonnance ne contient ni le signalement de l'accusé, ni copie de l'acte d'accusation.

Même contravention qu'au Nº. CCXXXV.

Nº. CCXLIII. Du 18 ventôse.

Annullation, sur la demande de Mariés Paquel et Gerard, du jugement du tribunal de police de Nonancourt, du 16 pluviôse précédent.

NOTICE ET MOTIFS.

On n'avoit point inséré dans ce jugement les termes de la loi appliquée.

Contravention à l'art. 362 du code des délits et des peines, portant : « Il motive son jugement, et y insère les termes de la loi » qu'il applique, le tout à peine de nullité. »

N°. CCXLIV. Du 18 ventôse.

Annullation, sur la demande d'Antoinette Piliat et d'Elizabeth Bardon, de l'ordonnance de prise-de-corps contre elles décernée par le jury d'accusation de l'arrondissement de Lyon, le 25 frimaire précédent, et de tout ce qui a suivi.

NOTICE ET MOTIFS.

Cette ordonnance ne contient point le signalement des accusées, ni copie de l'acte d'accusation,

Même contravention à l'art. 259 du code des délits et des peines, portant : « Elles sont nulles si elles ne contiennent le nom de l'ac-» cusé, son signalement, sa profession et son domicile, s'ils sont » connus, ainsi que la copie de l'acte d'accusation, et si elles ne » rappellent la loi en conformité de laquelle elles sont portées. »

N°. CCXLV. Du 19 ventôse.

Annullation, sur la demande de Raimont, de la déclaration du juré de jugement, par suite du jugement contre lui rendu par le tribunal criminel du département de la Côte-d'Or, le 17 pluviôse précédent.

NOTICE ET MOTIFS.

Les jurés ont déclaré l'accusé complice, sans déclarer les faits de complexité.

Même contravention qu'aux numéros IV et XVII.

N°. CCXLVI. Du 19 ventôse.

Annullation, sur la demande de Martin, du jugement contre lui rendu par le tribunal criminel du département des Hautes-Pyrénées, les 19 frimaire et 18 nivôse derniers.

NOTICE ET MOTIFS.

Le jugement a été rendu sur appel d'un jugement de police correctionnelle, et c'est le commissaire du Pouvoir exécutif près du tribunal criminel qui avoit relevé cet appel, tandis que la faculté n'en étoit donnée qu'à l'accusateur public, ou au commissaire près le tribunal correctionnel, dans le délai prescrit par l'article 193 du code des délits et des peines.

D'une autre part, quoiqu'il ne s'agît point d'outrages ou menaces par paroles ou par gestes faits a des fonctionnaires publics dans l'exercice de leurs fonctions, on avoit appliqué l'art 19 de la loi du 22 juillet 1791.

Fausse application de cet article, qui porte :

« Les outrages ou menaces par paroles ou par gestes faits aux » fonctionnaires publics dans l'exercice de leurs fonctions, seront » punis d'une amende qui ne pourra excéder dix fois la contribution » mobiliaire, et d'un emprisonnement qui ne pourra excéder deux » années. »

N°. CCXLVII. Du 29 ventôse.

Annullation, sur la demande de Barthelemi Throulier, de l'ordonnance de prise-de-corps et de tout ce qui s'en est ensuivi, spécialement de la déclaration du juré de jugement, intervenu au tribunal criminel du département de l'Aveyron, le 18 nivôse dernier.

NOTICE ET MOTIFS.

L'ordonnance de prise-de-corps ne contient point le signalement, quoique l'accusé fût alors arrêté.

Même contravention qu'au n°. CCXXXV.

La déclaration du juré porte qu'il est auteur, fauteur ou complice, sans autre explication ni distinction des différens faits qui peuvent constituer la complicité.

Même contravention qu'aux numéros IV et XVII.

Fin de la première Partie.

ÉTAT

DES JUGEMENS DE CASSATION,

Depuis le premier Germinal de l'an 3 jusqu'au 30 Ventôse de l'an 4.

SECONDE PARTIE.

MATIÈRE CIVILE.

N°. Iᵉʳ. Du 4 germinal, an 3.

Annullation, sur la demande de l'agence de l'enregistrement, contre Lévêque, d'un jugement du tribunal de Guise, du 13 décembre 1791.

NOTICE ET MOTIFS.

Il s'agissoit d'une consignation faite au greffe de la justice de Nesle : le greffier étoit fugitif, l'on avoit prétendu que le seigneur étoit responsable, et il avoit été ainsi jugé. La République étoit à la place de ce seigneur émigré.

La cassation a été fondée sur l'art. 22 de l'édit de février 1789, qui vouloit que toutes consignations ordonnées en justice ne pussent être faites qu'entre les mains des receveurs des consignations, d'où il résultoit que, quand même le ci-devant seigneur eût été responsable, en thèse générale, de son greffier, cela ne pouvoit être supposé dans l'espèce où il ne s'agissoit pas d'un fait de l'office.

N°. II. Du 11 germinal.

Annullation, sur la demande de Cévillier contre Mansart et Catry, d'un jugement arbitral, du 12 prairial, an 2.

NOTICE ET MOTIFS.

Il s'agissoit d'une donation faite en 1771, que les arbitres avoient annullée en vertu de la loi du 17 nivôse, an 2,

Contravention

Contravention à l'article premier de cette loi, qui vouloit que les donations antérieures au 14 juillet 1789 fussent maintenues.

N°. III. Du 11 germinal.

Annullation, sur la demande de Sébastien Odot et consorts contre Nicolas Miot et consorts, d'un jugement arbitral, du 18 ventôse, an 2.

NOTICE ET MOTIFS.

Il s'agissoit de la succession de François Miot que les arbitres avoient adjugée à ses neveux, sans y donner part à ses petits-neveux.

Contravention à l'art. 77 de la loi du 17 nivôse, selon lequel la représentation a lieu à l'infini à ligne collatérale.

Et à l'art. 82, selon lequel la succession se divise en autant de parties qu'il y a de branches appelées à recueillir, et la subdivision se fait de la même manière.

N°. IV. Du 13 germinal.

Annullation, sur la demande d'Alexis Hébert contre les mariés Bouley, d'un jugement du tribunal d'Avranches, du 8 messidor, an 2.

NOTICE ET MOTIFS.

Il s'agissoit de l'hérédité de Pierre Julien, à laquelle sa veuve avoit renoncé ; mais on l'accusoit de soustraction.

Des arbitres de famille avoient été saisis ; ils avoient oui des témoins, et jugé définitivement. Il y avoit eu appel, fondé sur des vices de forme de l'enquête ; mais il avoit été jugé que les arbitres n'étoient pas tenus de ces formes.

Le tribunal d'Avranches avoit connu de la requête civile et l'avoit admise par des moyens pris de l'omission des formes dont il s'agit.

Contravention à l'article 12, titre 10 de la loi d'août 1790, qui assujettit les arbitres de famille seulement à entendre les parties et prendre les connoissances nécessaires.

Fausse application des lois relatives aux formes de procéder.

N°. V. Du 13 germinal.

Annullation, sur la demande de Louis Condamin contre la veuve Fayolle, d'un jugement du tribunal de Lyon, du 8 thermidor, an deuxième.

NOTICE ET MOTIFS.

Il s'agissoit d'une action hypothécaire sur des biens d'une valeur non déterminée, et le tribunal de Lyon avoit jugé en premier et dernier ressort.

Contravention à l'article 5, titre 4 de la loi d'août 1790, qui n'attribue le dernier ressort en première instance « que des affaires » réelles dont l'objet est de 50 livres de revenu déterminé, soit en » rente, soit par prix de bail. »

N°. VI. Du 13 germinal.

Annullation, sur la demande d'Elizabeth Molard et de Jean Jousseaume contre Pierre Jousseaume, d'un jugement du tribunal de Barbesieux, du 5 juin 1793.

NOTICE ET MOTIFS.

Il s'agissoit de droits successifs. La Molard étoit poursuivie comme tutrice de ses enfans mineurs, et le commissaire du Pouvoir exécutif n'avoit pas été ouï.

Contravention à l'article 3, titre 8 de la loi d'août 1790, qui porte : « Que les commissaires du Pouvoir exécutif seront enten- » dus dans les causes des pupilles, des mineurs, des interdits, » *des femmes mariées*, et dans celles où les droits, soit de la » *nation, soit d'une commune*, seront intéressés. »

N°. VII. Du 13 germinal.

Annullation, sur le réquisitoire du commissaire du Pouvoir exé- cutif, des jugemens du tribunal de Pont-Audemer, des 9 et 11 fructidor, an deuxième.

NOTICE ET MOTIFS.

Ces jugemens, en décidant qu'un prétendu droit d'usage dans des bois n'existoit plus, avoient déchargé des délinquans sous le pré- texte de leur bonne foi, et ordonné la lecture par l'agent national d'une commune, à trois jours de décade du premier de ces juge- mens.

Contravention aux dispositions de l'ordonnance de 1669, qui prononcent des amendes.

Excès de pouvoir, en ce que cette difficulté devoit être réglée par des arbitres, selon l'article 3, section 5 de la loi du 10 juin 1793, et l'article premier de la loi du 2 octobre suivant; et en ce que les fonctions judiciaires étant séparées des fonctions administratives, article 13, titre 2 de la loi d'août 1790, les juges *n'avoient rien à prescrire à l'agent national.*

Nº. VIII. Du 13 germinal.

Annullation, sur la demande de Nicolas Rivière contre d'autres Rivière, d'un jugement arbitral des 11 et 14 thermidor, an deuxième.

NOTICE ET MOTIFS.

Il s'agissoit d'une succession ouverte par la loi du 17 nivôse.

Il avoit été fait une licitation, en vertu de laquelle l'un des héritiers étoit en possession; la rescision de cette licitation avoit été demandée.

Le jugement arbitral avoit décidé que, sans attendre l'événement de la demande en rescision, les biens devoient être partagés.

Contravention à l'article 45 de la loi du 17 nivôse, qui vouloit que les droits acquis à des tiers possesseurs, à des créanciers hypothécaires et à tous autres, fussent conservés.

Nº. IX. Du 17 germinal.

Annullation, sur la demande de Moreau et consorts, la veuve Hubert et consorts, d'un jugement arbitral, du 26 floréal, an deuxième.

NOTICE ET MOTIFS.

Il s'agissoit de la succession de Jean Lerôle entre trois sœurs germaines et un frère utérin. Les arbitres avoient ordonné le partage en quatre portions égales.

Contravention à l'article 83 de la loi du 17 nivôse, qui veut « qu'une moitié de toute succession collatérale soit attribuée aux » héritiers paternels, et l'autre moitié aux héritiers maternels. »

Et à l'article 89, qui veut que « si des parens descendent à la fois » des auteurs de plusieurs branches, ils recueillent cumulati- » vement la portion à laquelle ils sont appelés dans chaque » branche. »

G 2

N°. X. Du 17 germinal.

Annullation , sur la demande des mariés Cliquet contre Lemoine et consorts , d'un jugement arbitral du 21 messidor , an deuxième.

NOTICE ET MOTIFS.

Même question de succession réouverte de licitation et de partage ordonné , et même contravention qu'au n°. VIII.

N°. XI. Du 17 germinal.

Annullation , sur la demande de Léonard Proger contre Jean Terreau , d'un jugement du tribunal de commerce du Mans , du 6 fructidor , an deuxième.

NOTICE ET MOTIFS.

Il s'agissoit d'une vente de toile , et de savoir si le prix avoit dû être celui de la convention ou celui de la loi sur le *maximum*. Les juges avoient ordonné l'exécution de la convention , bien qu'il fût constant que la délivrance n'avoit pas précédé la loi sur le *maximum*.

Contravention à l'article 12 de la loi de septembre 1793 , qui « assujettit au *maximum* les marchandises stipulées au-dessus. . . » dans les marchés . . . qui n'auront pas été reçues, expédiées ou » mises en route. »

N°. XII. Du 18 germinal.

Annullation , sur la demande de Jacques Blache contre Boucard et consorts , d'un jugement arbitral , du 4 thermidor , an deuxième.

NOTICE ET MOTIFS.

Il s'agissoit de la succession de Jeanne Blache , qui avoit trois frères ou sœurs représentés : les arbitres avoient ordonné le partage en quatre parts, eu égard à ce que les neveux étoient à ce nombre.

Contravention aux art. 77 et 88 de la loi du 17 nivôse , comme au n°. III.

N°. XIII. Du 18 germinal.

Annullation, sur la demande de Nicolas Thomas contre Chaumont et consorts, d'un jugement du tribunal de Compiègne, du 9 thermidor, an deuxième.

NOTICE ET MOTIFS.

Il s'agissoit de la saisie de quelques bois, validée par une ci-devant gruerie, et, sur l'appel, par le tribunal de Compiègne.

Il y avoit eu partage ; un cinquième juge avoit été appelé ; et sans nouveau rapport ni plaidoierie, il avoit contribué au jugement en la chambre du conseil.

Contravention à l'article 14, titre 2 de la loi d'août 1790, et à l'article 13 de la loi de novembre suivant, qui veulent « que les » plaidoyers, rapports et jugemens soient publics . . . . que la » discussion soit précédée du rapport . . . . et les parties enten- » dues après le rapport. »

N°. XIV. Du 18 germinal.

Annullation, sur la demande de l'agent de la trésorerie contre Baval et consorts, d'un jugement du tribunal de Pont-Audemer, du 13 brumaire, an deuxième.

NOTICE ET MOTIFS.

Il s'agissoit du privilége prétendu sur les biens d'un receveur de la loterie nationale, reliquataire, et rejeté par le jugement.

Contravention aux articles 1er et 3 de l'édit d'août 1669, suivant lesquels il y avoit privilége en faveur du fisc, sur les deniers provenant de la vente des meubles des officiers comptables, et sur le prix des immeubles acquis depuis le maniement des deniers publics.

N°. XV. Du 18 germinal.

Annullation, sur la demande de Michel Witz et consorts contre Adolphe Witz, d'un jugement arbitral, du 4 messidor, an deuxième.

NOTICE ET MOTIFS.

Il s'agissoit de la succession d'un autre Adolphe Witz, que le défendeur s'étoit fait adjuger comme son fils naturel. Les arbitres avoient ordonné une preuve de paternité et jugé en conséquence.

Contravention à l'art. 8, de la loi du 12 brumaire, an deuxième, qui exigeoit la preuve de la possession d'état.

G 3

N°. XVI. Du 19 germinal.

Annullation, sur la demande de la veuve Alix contre Gilliard et consorts, d'un jugement arbitral, du 20 thermidor, an deuxième.

NOTICE ET MOTIFS.

Il s'agissoit d'une institution contractuelle ayant le caractère d'une disposition entre-vifs, faite en 1783, et que les arbitres avoient annullée, comme disposition à cause de mort.

Contravention à l'art. 2 de la loi du 17 nivôse, portant « que » les dispositions contractuelles, antérieures au 14 juillet 1789, qui » renferment des libéralités entre-vifs et une institution à venir, » n'auront leur effet que pour le don à venir. »

N°. XVII. Du 19 germinal.

Annullation, sur le réquisitoire du commissaire du Pouvoir exécutif, d'un jugement du tribunal de Dijon, du 11 messidor, an deuxième.

NOTICE ET MOTIFS.

En faisant droit sur l'appel d'un jugement du tribunal d'Arnay, celui de Dijon avoit renvoyé devant les premiers juges, autres que ceux qui avoient jugé.

Contravention aux lois d'août, titre 2, article 7, et de novembre article 2 1790, « qui veulent que l'ordre de juridiction ne puisse » être troublé, et que le tribunal de cassation connoisse des renvois » d'un tribunal à un autre. »

N°. XVIII. Du 19 germinal.

Annullation, sur la demande des mariés Brichet contre Jacques Delpire et autres, d'un jugement arbitral, du premier floréal, an 2.

NOTICE ET MOTIFS.

Il s'agissoit d'une succession rouverte, et de legs n'excédant 10,000 liv., en faveur de personnes dont la fortune n'étoit pas de cette valeur et ayant des enfans.

Les arbitres avoient annullé ces legs.

Contravention aux articles 34 et 35 de la loi du 17 nivôse, selon lesquels « les legs . . . . . étoient maintenus . . . . lorsque le lé- » gataire n'avoit pas . . . une fortune excédant . . . 10,000 liv., » et le legs ne s'élevoit pas au delà . . . et encore autant de fois » 5000 liv. qu'il avoit d'enfans. »

N°. XIX. Du 24 germinal.

Annullation, sur la demande de Pierre Farge contre les Auphrel-les, d'un jugement du tribunal de Bourganeuf, du 25 messidor, an 2.

NOTICE ET MOTIFS.

Il s'agissoit d'un héritage réclamé comme ayant été cédé pour affranchissement de droits seigneuriaux, ce qui n'étoit pas vérifié ; le jugement étoit en premier et dernier ressort, bien qu'il n'y eût pas valeur déterminée en vente ou par prix de bail.

Fausse application de la loi du 28 nivôse, an 2, article premier, sur les héritages cédés pour prix d'affranchissement,

Et sur le dernier ressort même contravention qu'au N°. V.

N°. XX. Du 24 germinal.

Annullation, sur la demande de Caseaux et Beccal contre Garderel et autres, d'un jugement du tribunal de Mirande, du 17 prairial, an 2.

NOTICE ET MOTIFS.

Il s'agissoit d'un appel et prise à partie dirigés par les demandeurs en cassation, anciens maire et consuls de Rabastens, à raison de la contrainte par corps exercée contre eux pour la restitution de quelques registres.

Le tribunal de Lourde avoit annullé le jugement de la nouvelle municipalité ; il y avoit eu appel porté au tribunal de Vic, lequel, malgré la fin de non-recevoir objectée, résultant des deux degrés de jurisdiction connus, retint la cause.

Le tribunal de cassation avoit cassé ce dernier jugement, et les parties avoient porté le fond de l'affaire au tribunal de Mirande, lequel avoit rejeté la fin de non-recevoir proposée contre l'appel, annullé une partie de la procédure de Lourde, et renvoyé les parties au tribunal de Vic.

Il a paru au tribunal qu'il y avoit contravention à la loi de novembre 1790, qui porte « que le tribunal de cassation connoîtra des » demandes en cassation contre les jugemens rendus en dernier res- » sort, en ce que l'appel d'un jugement en dernier ressort avoit été » reçu, lorsqu'il ne restoit que la voie de la cassation.

G 4

N°. XXI. Du 26 germinal.

Annullation, sur la demande de Philibert et consorts contre Jean Gras, des jugemens du tribunal de Montélimart, des 18 décembre 1792, 15 février 1793 et 19 prairial an 2.

NOTICE ET MOTIFS.

Il s'agissoit d'une obligation de délivrer une quantité d'huile, contractée par Jean Gras.

Gras avoit allégué qu'il y avoit eu simulation; il avoit été admis à la preuve de divers faits; enfin il avoit été déchargé de toute demande.

Contravention à l'article 2, titre 26 de l'ordonnance de 1667, qui défend de recevoir aucune preuve par témoins contre et outre le contenu aux actes.

N°. XXII. Du 26 germinal.

Annullation, sur la demande de Gaujoux contre les mariés Luxières, d'un jugement arbitral du 14 thermidor, an 2.

NOTICE ET MOTIFS.

Il s'agissoit des droits d'une prétendue fille naturelle : on avoit admis des preuves, qui n'étoient pas celles de la possession d'état avouée.

Même contravention qu'au N°. XV,

N°. XXIII. Du 26 germinal.

Annullation, sur la demande des mariés Massot contre Pierre Dumoulin, d'un jugement du tribunal de Condom, du 6 frimaire, an 2.

NOTICE ET MOTIFS.

Il s'agissoit d'un rabattement de décret poursuivi avant la loi du 25 août 1792, qui abolit le rabattement, et il avoit été rejeté.

Contravention à la loi du 12 février 1793, qui excepte de l'abolition les rabattemens exercés avant la loi du 25 août 1792.

Le commissaire exécutif n'avoit pas été entendu, bien que la femme Massot fût partie.

Même contravention qu'au N°. VI.

N°. XXIV. Du 26 germinal.

Annullation, sur la demande de Jean Briquet contre Hugues-Joseph Rosse, d'un jugement arbitral, du 25 prairial, an 2.

NOTICE ET MOTIFS.

Il s'agissoit de la succession de Marie-Anne Rosse, rouverte par la loi du 17 nivôse.

Les arbitres avoient adjugé cette succession, moitié à Rosse, père de Marie-Anne, et moitié à ses enfans d'un autre lit, au préjudice de Briquet, qui étoit appelé dans la ligne maternelle.

Contravention à l'article 69 de la loi du 17 nivôse, « qui n'ap-
» pelle les pères ou mères que lorsque le défunt n'a laissé ni des-
» cendans, ni frères, ni sœurs »; et à l'article 72, « suivant le-
» quel les ascendans sont toujours exclus par les héritiers qui des-
» cendent d'eux. »

N°. XXV. Du 27 germinal.

Annullation, sur la demande de Reinip, femme en secondes noces de Léonard Hiver, contre Halary, des jugemens du tribunal de Saint-Yriex, des 8 germinal et 21 thermidor, an 2.

NOTICE ET MOTIFS.

Il s'agissoit de la vente de quelque bétail par le premier mari de la demanderesse à Halary, qui avoit été suivie de bail à cheptel à la demanderesse et à son mari du même bétail.

Halary avoit poursuivi l'exécution du bail; la demanderesse avoit conclu à la rescision de la vente, prétendant qu'il s'agissoit de choses dotales qu'un mari dissipateur l'avoit induite à vendre.

Halary avoit offert et fait admettre la preuve, que ce bétail ve-
noit d'ailleurs que de la demanderesse, et ensuite il avoit fait rejeter la demande en rescision par jugement en dernier ressort, bien que l'objet du procès fût indéterminé.

Même contravention qu'au N°. V.

N°. XXVI. Du premier floréal.

Annullation, sur la demande des Renaud contre les mariés Ver-saud, d'un jugement du tribunal de Mâcon, du 24 floréal, an 2.

NOTICE ET MOTIFS.

Il s'agissoit de la restitution en entier contre un acte, demandée par les Renaud, qui en avoient été déboutés.

Une femme mariée étoit l'un des demandeurs, et le commissaire exécutif n'avoit pas été entendu.

Même contravention qu'au N°. VI.

N°. XXVII. Du premier floréal.

Annullation, sur le réquisitoire du commissaire exécutif, d'un jugement du tribunal du district de Bernay, du 22 thermidor, an 2.

NOTICE ET MOTIFS.

Il s'agissoit de la confiscation ordonnée par le tribunal de Louviers, de bestiaux trouvés en dommages dans des bois nationaux ; sur quoi le tribunal de Bernay l'avoit reformé, prétendant que cette peine de la confiscation étoit abolie par les lois nouvelles, et notamment par l'article 38, titre 2 du code rural.

Fausse application de cet article, qui n'est relatif qu'aux bois des particuliers.

Contravention à l'article 5 de la loi de décembre 1790, et à l'article 4, titre 15 de celle de septembre 1791, qui veulent que l'on se conforme « aux lois rendues pour la conservation des eaux » et forêts, et que l'ordonnance de 1669 et autres réglemens conti-» nuent d'être exécutés. »

N°. XXVIII. Du 2 floréal.

Annullation, sur la demande de Jean Thémelin contre Vigoureux, des jugemens du tribunal de Châlons, des 11 germinal et 11 messidor, an 2.

NOTICE ET MOTIFS.

Il s'agissoit d'entreprises prétendues, et dénonciation de nouvelle œuvre.

Le tribunal de Châlons avoit ordonné un rapport et nommé le rapporteur ; mais le jour du rapport n'avoit pas été indiqué.

Contravention à l'article 10 de la loi du 3 brumaire, qui dit « que l'on pourra nommer un rapporteur, qui fera son rapport le » jour indiqué dans le jugement. »

Nº. XXIX. Du 2 floréal.

Annullation, sur la demande de Gilles Guesnon contre le ministère public, d'un jugement du tribunal du Rocher de la Liberté, du 24 vendémiaire précédent.

NOTICE ET MOTIFS.

Guesnon avoit été condamné correctionnellement à un emprisonnement ; et sur son appel, le jugement avoit été confirmé, sans qu'il eût été interrogé.

Contravention aux articles 58 et 68, titre 2 de la loi de juillet 1791, qui veulent qu'en première instance le prévenu soit interrogé, et que, sur l'appel, l'instruction se fasse dans la même forme.

Nº. XXX. Du 2 floréal.

Annullation, sur la demande des mariés Billod contre Marie Chapuis et Joseph Gros-Jean, d'un jugement arbitral du 22 prairial, an II.

NOTICE ET MOTIFS.

Il s'agissoit de droits prétendus d'un enfant naturel. Les arbitres avoient décidé d'après des actes de traités pour frais de couches et dommages-intérêts, sans preuve de possession d'état.

Même contravention qu'au nº. XV.

Nº. XXXI. Du 3 floréal.

Annullation, sur la demande de la veuve Bailly contre Silvain et François Roblin, d'un jugement arbitral du 5 thermidor, an 2.

NOTICE ET MOTIFS.

Il s'agissoit d'une succession rouverte et de legs n'excédant pas 10,000 livres en faveur de personnes n'ayant pas 10,000 livres de fortune.

Même contravention qu'au nº. XVIII.

Nº. XXXII. Du 4 floréal.

*Annullation, sur la demande de Delsaux contre Woestyn et
Lambreckt, d'un jugement du tribunal de Saint-Omer, du
17 nivôse, an 2.*

NOTICE ET MOTIFS.

Il s'agissoit de la prétention de Lambreckt, greffier du Gros,
que Delsaux, notaire, n'avoit pas eu droit de délivrer la grosse
d'un contrat qu'il avoit reçu, et avoit dû en déposer la minute au
greffe.

Contravention à l'article 4e du titre 1er de la loi d'octobre
179¹, qui, après la suppression décrétée dans les articles 1 et 2
des offices de greffiers du Gros, autorise les greffiers à continuer
provisoirement leurs fonctions, ce qui leur attribue une faculté,
et non un droit exclusif.

Nº. XXXIII. Du 7 floréal.

*Annullation, sur la demande de Lefaucheur contre Leboucher
et autres, d'un jugement du tribunal de Cany, du 6 messidor,
an 2.*

NOTICE ET MOTIFS.

Il s'agissoit d'injures. Il y avoit eu jugement de police correctionnelle par défaut, faute par Lefaucheur de paroître en personne, et il avoit été débouté d'une première et d'une seconde
opposition.

Le tribunal de Cany l'avoit déclaré non recevable dans son appel,
s'agissant d'un jugement rendu par défaut sur une seconde opposition, et le commissaire exécutif n'avoit pas été entendu.

Fausse application de l'article 4, titre 3 de la loi d'octobre
1790, qui ne rejette l'appel des jugemens par défaut qu'à l'égard
de la justice de paix, et non de la police correctionnelle.

Et le commissaire exécutif n'ayant pas été entendu, contravention
aux articles 59, 68 et 69 de la loi sur la police correctionnelle,
qui exigeoient qu'il le fût.

Nº. XXXIV. Du 8 floréal.

*Annullation, sur la demande de Lagardette contre Superbie,
d'un jugement du district de Maulléon, du premier germinal,
an 2.*

NOTICE ET MOTIFS.

Il s'agissoit de la récusation proposée contre un juge du tribunal d'Ortès, par des mémoires remis au greffe, sur laquelle ce tribunal avoit déclaré qu'il n'y avoit lieu de statuer, sauf à Lagardette de la proposer conformément à la loi ; et le juge accusé avoit pris part à ce jugement.

Le tribunal de Mauléon avoit confirmé ce jugement.

Contravention aux articles 23 et 24, titre 24 de l'ordonnance de 1667, qui vouloient que la récusation fût proposée par requête, objet rempli par les mémoires, et qu'elle fût communiquée au juge récusé, pour déclarer si les faits étoient véritables ou non, et qu'il ne pût assister au jugement.

N°. XXXV. Du 8 floréal.

Annullation, sur le réquisitoire du commissaire du Pouvoir exécutif, d'un jugement du juge-de-paix d'Habsein, du 15 pluviôse précédent.

NOTICE ET MOTIFS.

Il s'agissoit d'un arrêté d'un corps municipal, sur lequel le juge-de-paix avoit prononcé.

Contravention à l'article 13, titre 2 de la loi du 24 août 1790, qui dit « que les fonctions judiciaires demeureront séparées » des fonctions administratives. »

N°. XXXVI. Du 8 floréal.

Annullation, sur même réquisitoire, d'un jugement du tribunal de Langres, du 24 frimaire précédent.

NOTICE ET MOTIFS.

Il s'agissoit de communauté prétendue avec un déporté. L'administration avoit renvoyé aux tribunaux la connoissance de la question s'il y avoit communauté.

Le tribunal de Langres, non content de prononcer sur cette question, avoit ordonné le partage.

Contravention aux articles 8, 9 et 10 de la loi de septembre 1793, qui chargent les administrations « de faire vendre les propriétés in- » divises avec les émigrés non partageables. »

A la loi du 4 fructidor, an 2, qui rend communes aux prêtres déportés les lois relatives aux biens des émigrés, et à l'article 13, titre 2 de la loi d'août 1790 sur la séparation des fonctions judiciaires et administratives.

N°. XXXVII. Du 8 floréal.

Annullation, sur la demande de Lagardette contre Milson, d'un jugement du tribunal d'Ortez, du 18 nivôse, an 2.

NOTICE ET MOTIFS.

Même récusation, même jugement, même contravention qu'au n°. XXXIV.

N°. XXXVIII. Du 8 floréal.

Annullation, sur la demande de Lagardette contre Barrère, d'un jugement du tribunal d'Ortez, du 10 nivôse, an 2.

NOTICE ET MOTIFS.

Même récusation, même jugement, même contravention qu'au n°. précédent.

N°. XXXIX. Du 8 floréal.

Annullation, sur la demande d'Etienne Dubois contre Deshayes et autres, d'un jugement du tribunal de Mortagne, du 18 juin 1793.

NOTICE ET MOTIFS.

Il s'agissoit au fond de vente de bois à couper. Le jugement n'énonçoit ni questions, ni résultats, ni motifs.

Contravention à l'article 16, titre 5 de la loi d'août 1790, qui vouloit que la rédaction des jugemens « contint quatre parties····· » et énonciation dans la seconde des questions de faits et de droits... » dans la troisième, du résultat des faits·····et des motifs.

N°. XL. Du 9 floréal.

Annullation, sur la demande de la veuve Pichon contre Pérault, d'un jugement du tribunal d'Issoudun, du 29 messidor, an 2.

NOTICE ET MOTIFS.

Il s'agissoit du louage d'une maison et jardin. La veuve Pichon alléguoit une promesse de ne donner congé qu'après un avertissement précédent de six mois ; des preuves avoient été ordonnées, et en définitif la veuve Pichon condamnée à évacuer.

Le jugement prononçoit en dernier ressort, bien que l'objet fût indéterminé.

Même contravention qu'au n°. V.

Et par la même raison contravention à l'article 2, titre 20 de l'ordonnance de 1667, qui ne permettoit pas la preuve par témoins de choses excédant 100 liv.

N°. XLI. Du 9 floréal.

Annullation, sur la demande des Bergé contre Janot, des jugemens du tribunal de Mirecourt, des 27 nivôse et 7 floréal, an 2.

NOTICE ET MOTIFS.

Nicolas Janot, cessionnaire de Marguerite Liégeois, mère des Bergé, les cita au tribunal de Remiremont : ils déclinérent, alléguant que l'affaire devoit être portée à un tribunal de famille ou au tribunal d'Epinal.

Le déclinatoire ayant été accueilli, Janot cita devant le tribunal d'Epinal, lequel jugea que l'affaire devoit être portée à un tribunal de famille.

Sur l'appel, le tribunal de Mirecourt débouta du déclinatoire par son premier jugement ; et par le second, après avoir ordonné un délibéré, renvoyé à dix jours, évoqua le principal, et condamna les Bergé. Le délibéré avoit été ordonné par quatre juges, et cinq prirent part au jugement.

Contravention à l'article 14, titre 2 de la loi d'août 1790, qui veut que les plaidoyers, rapports et jugemens soient publics, en ce que le cinquième juge n'avoit assisté à aucun rapport ni plaidoyer public.

A l'article 10 de la loi du 3 brumaire, an 2e, qui veut qu'il soit procédé immédiatement au jugement après l'examen des pièces, ou qu'il soit nommé un rapporteur, et le jour du rapport indiqué, en ce que la cause avoit été renvoyée sans ordonner un rapport.

Et contravention aux lois qui veulent qu'il y ait deux degrés de jurisdiction, en ce que les Bergé en avoient été privés par l'évocation du principal.

N°. XLII. Du 14 floréal.

Annullation, sur la demande d'Aubry Mulet contre Marinier, d'un jugement du tribunal de Mortagne, du 25 fructidor, an 2.

NOTICE ET MOTIFS.

Il s'agissoit du bail fait par anticipation à Marinier d'une propriété nationale adjugée à Dulet.

La délibération n'avoit pas été publique ; le jugement avoit été différé, et nul rapporteur nommé.

Contravention à l'article 10 de la loi du 3 brumaire, an 2, qui vouloit, après examen des pièces, que l'on revînt à l'audience pour délibérer en public et opiner à haute voix ; ou, en différant, qu'il fût nommé un rapporteur, et le jour du rapport indiqué.

L'objet étoit de valeur indéterminée, et l'on avoit jugé en premier et dernier ressort.

Même contravention qu'au n°. V.

N°. XLIII. Du 14 floréal.

Annullation, sur la demande des régisseurs des douanes contre Moyer-Bloch, d'un jugement du tribunal de Fulquemont, du 17 fructidor, an 2.

NOTICE ET MOTIFS.

Il étoit question de contravention et de fraude : une saisie avoit été déclarée nulle par le tribunal de Sarguemine.

Sur l'appel, celui de Fulquemont avoit dit qu'il n'y avoit pas lieu de statuer, parce que s'agissant de moins de 1000 liv., l'appel n'avoit pas lieu.

Contravention à l'art. 5 de la loi du 15 août 1793, selon lequel, « tous jugemens rendus sur les saisies faites pour fraude ou contravention, sont soumis à l'appel. »

N°. XLIV. Du 14 floréal.

Annullation, sur la demande de Charles Perron contre Dupoyrier, d'un jugement du tribunal de Champlite, du 31 octobre 1791.

NOTICE ET MOTIFS.

Il avoit été ordonné qu'il en seroit délibéré, et le rapport avoit été fait par un juge qui n'avoit pas assisté à l'audience.

Même contravention qu'au n°. XIII.

N°. XLV. Du 21 floréal.

Annullation, sur la demande de Dupont et Menenteuil contre Martin, d'un jugement du tribunal de Saint-Quentin, du 18 thermidor, an 2.

NOTICE ET MOTIFS.

Il s'agissoit du bail d'un bien ci-devant ecclésiastique, lequel avoit été déclaré, déposé et paraphé, dans la quinzaine après la publication de la loi d'août 1790 au district, dans la commune ;

et

et pourtant la déchéance en avoit été prononcée, parce que la loi avoit été précédemment publiée dans les tribunaux.

Fausse application des art. 37 et 38 de ladite loi.

Le jugement étoit en premier et dernier ressort, bien que l'objet fût indéterminé.

Même contravention qu'au n°. V.

N°. XLVI. Du 21 floréal.

Annullation, sur la demande de Lacrosne contre Mallard, d'un jugement du deuxième arrondissement de Paris, du 29 vendémiaire précédent.

NOTICE ET MOTIFS.

Il étoit question d'une requête civile, admise contre un arrêt du parlement de Paris, sur ce qu'il avoit été fait droit sur un appel incident non relevé, et sur ce que l'arrêt avoit été fondé sur une pièce simulée, et par conséquent fausse.

Mais l'appel incident avoit été tenu pour relevé, et avoit été fait droit sur l'arrêt sur la prétendue simulation, dont la querelle avoit été rejetée.

Fausse application de l'article 34, titre 35 de l'ordonnance de 1667, qui admet, comme moyen de requête civile, l'inobservation *de la procédure* et *le dol personnel.*

Contravention à l'article 32, qui ne permet pas la rétractation des arrêts, sous prétexte du mal jugé au fond.

N°. XLVII. Du 21 floréal.

Annullation, sur la demande de Launoy contre les Quesnel, d'un jugement du tribunal d'Abbeville, du 17 floréal, an 2.

NOTICE ET MOTIFS.

Il s'agissoit au fond de dommages-intérêts et alimens d'un enfant naturel.

Le tribunal d'Abbeville avoit déclaré Launoy non recevable dans son appel, pour n'avoir pas justifié du certificat de non conciliation sur cet appel.

Mais il y avoit eu citation, et le certificat avoit été signifié par les Quesnel.

Fausse application de la loi d'août 1790, titre 10, art. 7, qui veut que l'appel ne soit pas reçu si l'appelant n'a pas signifié copie du certificat du bureau de paix.

Nº. XLVIII. Du 21 floréal.

Annullation , sur la demande de Larpenteur contre Pipereau , d'un jugement du tribunal du Puy-la-Montagne , du 21 messidor , an 2.

NOTICE ET MOTIFS.

Il s'agissoit d'un droit de servitude réelle , objet de valeur indéterminée , et le jugement étoit en premier et dernier ressort.

Même contravention qu'au nº. V.

Nº. XLIX. Du 22 floréal.

Annullation , sur la demande de Perrine Bangard contre Pernot , d'un jugement du tribunal du cinquième arrondissement de Paris , du 3 fructidor , an 2.

NOTICE ET MOTIFS.

Il s'agissoit d'avances et salaires d'un procureur. Dans l'instance d'appel , Pernot avoit formé une nouvelle demande par requête , qui avoit été adjugée.

Contravention à l'art. 3 , titre 2 de l'ordonnance de 1667 , qui ordonne que « les ajournemens seront faits à personne ou do-
» micile. »

Et à l'art. 2 , tit. 10 de la loi d'août 1790 , qui porte « qu'aucune
» action principale ne sera reçue , si le demandeur n'a point
» donné en tête de son exploit copie du certificat du bureau de
» paix. »

Nº. L. Du 23 floréal.

Annullation , sur la demande d'Eanestein Vaucombrenge contre la veuve Gancourt , des jugemens du tribunal de Commercy , des 11 germinal et premier messidor , an 2.

NOTICE ET MOTIFS.

Il s'agissoit de réintégrande portée par la demanderesse en cassation devant le juge-de-paix , et par la défenderesse au tribunal de Commercy , qui , sans avoir égard au déclinatoire , avoit retenu la cause et jugé la propriété , sans poser ni questions ni motifs , et en dernier ressort , bien que l'objet fût de valeur indéterminée.

Contravention à l'art. 15 , titre 5 de la loi d'août 1790 , comme au numéro XXXIX ;

À l'art. 4, titre 4 de la même loi, qui attribue aux juges-de-paix les actions possessoires ;

À l'art. 5, titre 18 de l'ordonnance de 1667, qui défend de cumuler le pétitoire avec le possessoire ;

Et à l'art. 5, titre 4 de ladite loi de 1790, sur le dernier ressort, comme au numéro V.

N°. LI. Du 23 floréal.

Annullation, sur la demande des agens de l'enregistrement contre la femme Bognard, d'un jugement du tribunal de Châtellerault, du 17 prairial, an 2.

NOTICE ET MOTIFS.

Il s'agissoit d'une contrainte signifiée à raison de droits d'enregistrement, qui avoit été déclarée irrégulière et nulle.

Fausse application de la loi de décembre 1790, art. 25, qui veut « que l'introduction et instruction des instances relatives . . . . . aux » droits d'enregistrement aient lieu par simples requêtes ou mé- » moires, en ce que dans l'espèce la contrainte signifiée n'étoit » qu'un avertissement. »

N°. LII. Du 23 floréal.

Annullation, sur la demande de Ballard contre Moffré et consorts, de jugemens arbitrals, des 9 et 10 thermidor, an 2.

NOTICE ET MOTIFS.

Il s'agissoit d'une donation annullée par les arbitres, sous le prétexte qu'elle n'avoit pas été infirmée dans le délai prescrit.

Elle l'avoit été du vivant du donateur, et c'étoit ses héritiers qui la querelloient.

Contravention à l'ordonnance de 1731, art. 16, selon lequel la donation peut être infirmée après le délai, ... pourvu que le donateur soit encore vivant.

N°. LIII. Du 27 floréal.

Annullation, sur la demande de la femme divorcée Warenghien contre son mari, des jugemens du tribunal d'Ornay, des 15, 29 brumaire et 2 frimaire précédens.

NOTICE ET MOTIFS.

Il s'agissoit du règlement des droits de ces époux divorcés ; les parties avoient nommé des arbitres : par le premier jugement d'Ornay, un arbitre avoit été nommé d'office pour procéder à une enquête à la place de l'un de ceux de la femme indisposé le jour indiqué.

Par le second, deux arbitres avoient été nommés d'office, parce que ceux de la femme n'avoient pu accepter le jour indiqué par les autres.

Par le troisième, la femme avoit été déboutée de son opposition à ces nominations.

Il n'y avoit ni refus, ni demeure constatés.

Contravention à l'art. 13, tit. 10 de la loi d'août 1790, qui ne permet aux juges de nommer des arbitres d'office qu'après avoir constaté le refus.

N°. LIV. Du 28 floréal.

Annullation, sur la demande de Suzanne Lesoudier contre Basnier et autres, d'un jugement du tribunal de Bayeux, du 28 vendémiaire précédent.

NOTICE ET MOTIFS.

Il s'agissoit d'une requête civile, qui avoit été déclarée non recevable, sur le fondement que Basnier n'avoit pas été cité au bureau de paix en personne ou domicile ; mais la citation avoit été faite dans une signification de Basnier lui-même et par réponse.

Fausse application de l'art. 3, tit. 2, ordonnance de 1667.

N°. LV. Du 28 floréal.

Annullation, sur la demande de Jean Rouzet, d'un jugement du tribunal de Montauban, du 23 messidor, an 2, contre Jean Rouzet et autres.

NOTICE ET MOTIFS.

Il s'agissoit d'un testament terminé ainsi : « Fait, passé et lu en » présence de . . . . . . Les trois derniers n'ont signé pour ne » savoir, ni ledit testateur pour ne pouvoir à cause de la foiblesse » de sa main, tous de ce requis. »

Ce testament avoit été déclaré nul, sous le prétexte qu'il n'y étoit pas suffisamment constaté qu'il eût été lu au testateur, et que le testateur eût déclaré la cause pour laquelle il ne pouvoit signer.

Contravention à l'ordonnance de 1785 et à la déclaration du 7 août 1783, qui, en exigeant que la lecture fût faite du testament entier au testateur, et que l'on fît déclarer par le testateur la cause pour laquelle il ne signoit pas, n'avoient prescrit aucune expression ou formule ; l'énonciation du testament énonçant suffisamment que le vœu de la loi avoit été rempli.

Nº. LVI. Du 28 floréal.

Annullation, sur la demande de Gaultier contre Robert, en cassation d'un jugement du tribunal d'Égalité sur Marne, du 9 vendémiaire précédent.

NOTICE ET MOTIFS.

Il s'agissoit d'un bail de biens ci-devant ecclésiastiques, lequel avoit été suivi d'un sous-bail du 23 septembre 1790, postérieur à la loi qui avoit ordonné les déclarations à faire par les fermiers, à peine de déchéance.

Les biens avoient été adjugés et revendus à la charge expresse d'entretenir le bail.

Fausse application de la loi de 1790, expliquée par celles des 15 frimaire, an 2ᵉ, et 28 germinal.

Nº. LVII. Du 28 floréal.

Annullation, sur la demande de Jacques Roussel et autres contre les agens de l'enregistrement, du jugement du tribunal de Calais, du 15 ventôse, an 2.

NOTICE ET MOTIFS.

Il étoit question d'une action réelle dirigée contre une personne inscrite sur la liste des émigrés. Le tribunal de Calais avoit renvoyé, sous ce prétexte, les parties à l'administration du district; et les administrateurs, s'agissant de propriété contentieuse, avoient déclaré qu'il n'y avoit pas lieu à délibérer.

Fausse application de la loi du 8 avril 1792, art. 12, qui ne renvoie aux administrations que « les propriétaires de droits ou biens à indivis avec les émigrés. »

Nº. LVIII. Du 29 floréal.

Annullation, sur la demande de Langier et autres contre Collinet, d'un jugement du tribunal de Joigny, du 12 brumaire précédent.

NOTICE ET MOTIFS.

Il étoit question de liquidation de fruits. Le jugement avoit été rendu en délibéré en la chambre du conseil.

Contravention à la loi du 3 brumaire, an 2, art. 10, qui ordonnoit de délibérer en public, et d'opiner à haute voix.

H 3

N°. LIX. Du 29 floréal.

Annullation, sur la demande de Balland contre Davoux, d'un jugement du tribunal du quatrième arrondissement de Paris, du premier brumaire précédent.

NOTICE ET MOTIFS.

Il s'agissoit au fond d'obligations souscrites et querellées sous prétexte de vol.

Le jugement attaqué avoit admis une requête civile sous le prétexte, 1°. que le commissaire exécutif n'avoit pas été entendu ; mais Davoux, assujetti à s'aider d'un conseil dans ses affaires, n'avoit pourtant pas été interdit.

2°. Qu'il y avoit contradiction entre des jugemens rendus dans cette affaire ; mais ces jugemens avoient été rendus sur des questions diverses.

Fausse application de l'ordonnance de 1667, titre 35, art. 34, qui autorise les requêtes civiles, « lorsqu'il y a contrariété de ju- » gemens, et lorsque le ministère public n'a pas été ouï en choses » qui le requièrent. »

N°. LX. Du 1er. prairial.

Annullation, sur réquisitoire du commissaire exécutif, des jugemens du tribunal de Dèlemont, des 21 thermidor et 11 fructidor.

NOTICE ET MOTIFS.

Il s'agissoit d'une somme de 1214 liv. en espèces saisies, par les préposés des douanes, sur des Suisses qui avoient un passe-port de leur commune, énonciatif de 1200 liv., et prétendoient n'avoir fait qu'emprunter passage sur le territoire français.

Le tribunal de Dèlemont avoit ordonné une preuve vocale, et ensuite donné main-levée.

Contravention à l'art. premier et à l'art. 2 de la loi d'août 1791, qui prescrivent la nécessité de conduire toutes marchandises importées au premier bureau d'entrée ; à l'art. 4 de la loi du 4 septembre, qui veut que les étrangers entrant en France avec de l'or et argent monnoyé, et sont dans le dessein de les exporter en sortant, en fassent constater la nature et la quantité ; dispositions qui excluoient toute preuve vocale ;

A l'art. 4, titre 3 de la loi de germinal, an 2, qui ordonnoit que toutes marchandises fussent conduites au premier bureau, à peine de confiscation et d'amende ;

Et à la loi du 23 brumaire, qui, laissant à la commission des revenus nationaux la faculté de juger si la contravention est involontaire, ne permettoit pas aux juges de résoudre cette espèce de question d'intention.

N°. LXI. Du 4 prairial.

Annullation, sur la demande de Broutin et sa femme, François-Xavier Cressent et autres, d'un jugement du tribunal du sixième arrondissement de Paris, du 3 mars 1792.

NOTICE ET MOTIFS.

Au fond il étoit question d'une action contre un procureur en restitution de pièces.

Il avoit été prononcé en dernier ressort, bien qu'en première instance l'objet du procès étoit indéterminé.

Même contravention qu'au N°. V.

Le commissaire exécutif n'avoit pas été entendu, et une femme mariée avoit été condamnée.

Même contravention qu'au N°. VI.

N°. LXII. Du 4 prairial.

Annullation, sur la demande de Jean Pile contre Bellocq, d'un jugement du tribunal d'Oleron, du 21 thermidor, an 2.

NOTICE ET MOTIFS.

Il s'agissoit d'enlèvement de papiers. Il avoit été procédé au jugement par la police correctionnelle, où les témoins et l'accusé n'avoient pas été interrogés publiquement, et l'agent national avoit donné ses conclusions verbalement.

Ce jugement avoit été confirmé.

Contravention à la loi sur la police correctionnelle, art. 58 et 59, qui vouloient que l'instruction se fît à l'audience ; que le prévenu y fût interrogé, les témoins pour et contre entendus, et les conclusions de la partie publique fixées par écrit.

N°. LXIII. Du 4 prairial.

Annullation, sur la demande de la commission des revenus nationaux contre Jean Prévost, des jugemens du tribunal de Charleville, des 27 thermidor et 7 fructidor, an 2.

NOTICE ET MOTIFS.

Il s'agissoit de bestiaux saisis comme passant à l'étranger. Prevost avoit eu un acquit à caution pour les conduire de Rocroy à Sedan ; mais il ne l'avoit pas fait décharger, et n'en avoit point pour son retour.

Cependant après l'avoir admis à des preuves vocales, le tribunal de Charleville lui avoit accordé main-levée.

Contravention à la loi du 11 septembre 1793 et à celle du 29, suivant lesquelles il est prescrit de prendre des acquits à caution au lieu du départ, et de les faire viser au lieu de la destination.

Nᵒ. LXIV. Du 4 prairial.

Annullation, sur la demande de Martial Duval et Marie-Anne Letellier sa femme, veuve Dupont, contre Gillebert, d'un jugement du tribunal de Pontoise, du 8 thermidor, an deuxième.

NOTICE ET MOTIFS.

Il s'agissoit du prix d'une vente à distribuer entre des créanciers.

Le jugement avoit été rendu sans conclusion du ministère public, bien qu'une femme mariée y fût partie.

Même contravention qu'au nᵒ. V.

Nᵒ. LXV. Du 6 prairial.

Annullation, sur la demande de Philippe Kobler contre François Rhozman et autres, d'un jugement du tribunal de Sarguemines, du 9 prairial, an deuxième.

NOTICE ET MOTIFS.

Il s'agissoit d'une licitation déclarée nulle, et d'après laquelle Kobler avoit acheté de l'adjudicataire. Le jugement l'évinçoit ; mais il n'énonçoit ni questions ni motifs.

Même contravention qu'au nᵒ. XXXIX.

Nᵒ. LXVI. Du 12 prairial.

Annullation, sur la demande des mariés Pugnant contre les frères Sauvage, d'un jugement du tribunal de Beauvais, du 27 vendémiaire.

NOTICE ET MOTIFS.

Il s'agissoit de la validité du congé donné par un acheteur à un fermier.

Les Sauvage n'avoient pas paru au bureau de paix, et n'avoient pas consigné d'amende.

Le ministère public n'avoit pas été entendu, bien que la femme Pugnant fût partie.

Contravention à la loi du 21 germinal, an deuxième, qui veut que l'on ne soit admis à se défendre, qu'en produisant la quittance de l'amende.

Et même contravention qu'au n°. VI.

N°. LXVII. Du 13 prairial.

Annullation, sur la demande de Sbire contre Ursule Jugan, d'un jugement du tribunal de Port-Malo, du 7 thermidor, an deuxième.

NOTICE ET MOTIFS.

Il s'agissoit d'une demande en reconnoissance de paternité, sur laquelle des arbitres de famille avoient prononcé.

Sur l'appel le tribunal de Port-Malo avoit renvoyé les parties à se pourvoir devant juges compétens.

Mais puisque le jugement avoit été rendu par des arbitres de famille, il y avoit eu lieu à l'appel, selon l'article 14, titre 10 de la loi d'août 1790, qui veut que la partie lésée puisse se pourvoir par appel.

Du reste, il n'y avoit point de parenté entre les parties, et par conséquent le tribunal de Port-Malo auroit dû annuller la décision des arbitres de famille.

N°. LXVIII. Du 17 prairial.

Annullation, sur la demande des mariés Leporz contre Lessen, d'un jugement du tribunal de Ville-sur-Arne.

NOTICE ET MOTIFS.

Il s'agissoit de la revendication d'un héritage par faculté de réméré, où s'étoit mêlée la question de savoir de quels effets étoit susceptible une démission de biens qui n'avoit pas été suivie des formalités voulues par la coutume, et qui avoit été révoquée.

Le jugement avoit maintenu cette démission.

Contravention à l'article 537 de la coutume de Bretagne, selon lequel la démission doit être bannie par trois dimanches consécutifs . . . et certifiée pardevant le juge.

N°. LXIX. Du 17 prairial.

Annullation, sur la demande de Lampérière contre Brière, d'un jugement du tribunal de Domfront, du 18 frimaire précédent.

NOTICE ET MOTIFS.

Il s'agissoit de savoir quels fruits le fermier d'un bien d'émigré, congédié par l'adjudicataire, avoit droit de percevoir.

Le jugement lui avoit adjugé seulement les fruits industriels, tandis que la loi n'autorisoit pas de distraction.

Contravention à la loi du 3 juin 1793, qui vouloit que le fermier jouît de la récolte, aux charges et conditions des années précédentes.

N°. LXX. Du 17 prairial.

Annullation, sur la demande de Grandjean contre les Orival, des jugemens du tribunal de Luxeuil, des 22 février 1793 et 27 thermidor, an deuxième.

NOTICE ET MOTIFS.

Il s'agissoit de la tierce-opposition à un jugement qui avoit fait droit sur la revendication d'un héritage dont la valeur étoit indéterminée.

Les jugemens étoient en premier et dernier ressort.

Même contravention qu'au n°. V.

N°. LXXI. Du 18 prairial.

Annullation, sur la demande d'Aberliné contre les mariés Nouvel et Hérail, d'un jugement du tribunal de Sauveterre, du 23 fructidor, an deuxième.

NOTICE ET MOTIFS.

La demande en rescision d'une vente, la revendication de l'héritage vendu, étoient au fond l'objet du procès; il n'y avoit pas de valeur déterminée, et le jugement étoit en premier et dernier ressort.

Même contravention qu'au n°. V.

N°. LXXII. Du 19 prairial.

Annullation, sur la demande des Etignard contre d'autres Eti-gnard, d'un jugement du tribunal de Moulins, du 26 fructidor, an deuxième.

NOTICE ET MOTIFS.

Le tribunal de Corbigny avoit jugé la demande en nullité d'une donation et d'un testament, après avoir ordonné la remise des pièces et indiqué le jour du jugement, sans nommer un rapporteur.

Ce jugement avoit été annullé par celui du tribunal de Moulins, sous le prétexte que l'on avoit dû juger immédiatement, ou nommer un rapporteur.

Fausse application de la loi du 10 brumaire, an deuxième, qui ne fixoit pas de temps pour l'examen des pièces, et n'ordonnoit de nommer un rapporteur que lorsqu'un rapport paroissoit nécessaire.

N°. LXXIII. Du 21 prairial.

Annullation, sur la demande de Lafarge contre Orsel, d'un jugement du tribunal du premier arrondissement de Paris, du 7 nivôse précédent.

NOTICE ET MOTIFS.

Débats entre associés : arbitres nommés pour juger en dernier ressort ; jugement en dernier ressort ; mais Orsel prétendoit avoir révoqué les pouvoirs des arbitres.

Le tribunal du premier arrondissement avoit fait droit sur l'appel de la décision arbitrale, et l'avoit annullée.

Contravention à l'article 4, titre 1er de la loi d'août 1790, qui ne permet l'appel des jugemens d'arbitres que lorsque les parties s'en sont expressément réservé la faculté, et à l'article 2 de la loi de novembre 1790, qui attribue au tribunal de cassation la connoissance des demandes en cassation contre les jugemens en dernier ressort.

N°. LXXIV. Du 26 prairial.

Annullation, sur la demande des mariés Lymerie contre Elie, d'un jugement arbitral, du 15 thermidor, an deuxième.

NOTICE ET MOTIFS.

Droits adjugés à un prétendu fils naturel, qui ne rapportoit ni écrits, ni preuves de possession d'état.

Même contravention qu'au n°. V.

N°. LXXV. Du 1er messidor.

Annullation, sur la demande de Joseph Beauvoisin, Marie-Jeanne Estival, en premier ressort, contre Jean-Louis Carbonnier, d'un jugement du tribunal du district de Calais, du 25 fructidor, an deuxième.

NOTICE ET MOTIFS.

Le commissaire national n'avoit point été entendu dans une cause qui intéressoit une femme mariée.

Même contravention qu'au n°. VI.

N°. LXXVI. Du 2 messidor.

Annullation, sur le réquisitoire du commissaire national, d'un arrêté pris par le tribunal du district de Quimper, le 5 germinal précédent.

NOTICE ET MOTIFS.

L'arrêté du tribunal de Quimper portoit création d'une place de commis-greffier, avec 1000 livres de traitement, aux frais de la République.

1°. Excès de pouvoir, en ce que l'autorité d'instituer des officiers publics n'est donnée aux juges par aucune loi.

Contravention, 1°. à la loi du 24 août 1790, titre 9, art. 2, en ce qu'elle attribue exclusivement aux greffiers le droit de présenter des commis ;

2°. A celle du 11 septembre 1790, qui ne fixe de traitement que pour les greffiers, et non pour les commis-greffiers.

Enfin, fausse application de l'article 7 de la loi du 7 vendémiaire, an troisième, qui, en autorisant les tribunaux à nommer provisoirement, pour leurs services respectifs, des officiers ministériels, dont ils auront besoin, ne déroge ni à celle d'août ni à celle de septembre 1790, et ne peut s'appliquer conséquemment qu'aux greffiers et huissiers nécessaires pour le service du tribunal.

N°. LXXVII. Du 2 messidor.

Annullation, sur la demande de Madelaine Letage, femme Chaillot, contre Guillaume-François Paulin Navarré, d'un jugement du tribunal du district d'Angoulême, du 29 messidor, an deuxième.

NOTICE ET MOTIFS.

Le commissaire national n'avoit pas été entendu dans cette affaire qui intéressoit une femme mariée.

Même contravention qu'au n°. VI.

N°. LXXVIII. Du 8 messidor.

Annullation, sur la demande d'Auger-Joseph Lamereau contre Pierre Bréjon, Jeuneau, Lamereau son père, d'un jugement du district de Civray, du 7 thermidor, en deuxième.

NOTICE ET MOTIFS.

Le jugement attaqué avoit déclaré Auger non recevable dans l'appel par lui interjeté d'un jugement de première instance, pour n'avoir pas donné copie du certificat de non conciliation en tête de l'acte d'appel, quoique ses adversaires l'eussent assigné eux-mêmes sur l'appel, et lui eussent donné copie du certificat du bureau de paix.

Contravention à l'article premier de la loi du 24 germinal, an deuxième, qui s'exprime en ces termes : « Les appels des juge-» mens de première instance ne pourront être reçus qu'autant » que la partie qui ajournera la première sur l'appel, fera signi-» fier en tête de l'ajournement copie du certificat du bureau de » paix, contenant que son adversaire y a été inutilement cité » pour se concilier, ou qu'il a employé sans fruit sa médiation. »

N°. LXXIX. Du 8 messidor.

Annullation, sur le réquisitoire du commissaire national, d'un jugement du juge-de-paix du canton de Sauret, du 13 ven-tôse, et d'autre jugement du tribunal du district de Taras-con, du 26 germinal, an troisième.

NOTICE ET MOTIFS.

Le juge-de-paix avoit condamné le maire de Bedzillac à remettre une certaine quantité de seigle qu'il s'étoit fait délivrer chez un particulier, par réquisition, pour le compte de la République, sans que sa conduite eût été soumise préalablement à l'administration supérieure, et le tribunal de Macon avoit confirmé le jugement.

Contravention à l'article 2 de la loi du 14 octobre 1790, qui porte : « Aucun administrateur ne peut être traduit dans les tri-» bunaux pour raison de ses fonctions publiques, à moins qu'il » n'y ait été renvoyé par l'autorité supérieure, conformément aux » lois. »

N°. LXXX. Du 9 messidor.

Annullation, sur la demande d'Albert-Louis-Aymar Lefournier Wargemont, Isabelle-Caroline Rochard son épouse, contre Charles Hesdein, d'un jugement du tribunal du cinquième arrondissement de Paris, du 22 octobre 1792.

NOTICE ET MOTIFS.

Le jugement, en déclarant Wargemont et sa femme responsables civilement des faits de leur postillon, avoit prononcé la contrainte par corps contre eux, pour dommages-intérêts accordés à Hesdein, pour la perte de l'œil gauche, occasionnée par un coup de pied de l'un des deux chevaux conduits par ce postillon.

Contravention aux articles 1er. , 4 et 8 du titre 34 de l'ordonnance de 1667 , ainsi conçu :

Art. 1er. « Abrogeons l'usage des contraintes par corps, après
» les quatre mois établis par l'art. 48 de l'ordonnance de Moulins,
» *pour dettes purement civiles.* »

Art. IV. « Défendons à nos cours et à tous autres juges de con-
» damner aucuns de nos sujets par corps , en matière civile, sinon
» en cas de réintégrande pour délaisser un héritage en exécution des
» jugemens pour stellionat, pour dépôt nécessaire , consignation
» faite par ordonnance de justice , ou entre les mains de personnes
» publiques ; représentations de biens par les séquestres , com-
» missaires ou gardiens , lettres-de-change quand il y aura remis
» et de place en place , dettes entre marchands , pour faits de
» marchandises dont ils se mêlent. »

Art. VIII. « Ne pourront les femmes et les filles s'obliger , ni
» être contraintes par corps, si elles ne sont marchandes publiques,
» ou pour cause de stellionat procédant de leur fait. »

N°. LXXXI. Du 22 messidor.

Annullation, sur la demande de Marie-Humbert Monnerat, femme de Jean-Joseph-Marie Resey, contre Pierre-Humbert Barondel et consorts, d'un jugement du tribunal de district d'Orgelet, du 25 messidor , an 2.

NOTICE ET MOTIFS.

Les demandeurs en cassation avoient été condamnés en l'amende sur l'appel , quoiqu'ils ne fussent point appelans, et qu'ils eussent été en défaut de comparoître au bureau de paix.

Contravention à l'art. 161 du tit. 10 de la loi du 24 août 1790, ainsi conçu : « Tout appelant dont l'appel sera jugé mal

» fondé , sera condamné à une amende de 9 liv. pour un appel
» de jugement du juge-de-paix , et de 60 liv. pour l'appel d'un
» jugement de tribunal de district , sans que cette amende puisse
» être remise , ni modérée sous aucun prétexte. Elle aura éga-
» lement lieu contre les intimés qui n'auront pas comparu devant
» le bureau de paix , lorsque le jugement sera réformé. »

N°. LXXXII. Du 23 messidor.

Annullation , sur la demande de Joseph-Nicolas et Quirin Simon contre Rose Blaise , fille majeure , tutrice de Jean-Nicolas , son fils , né hors mariage , des jugemens des 8 floréal et 18 thermidor , an 2 , rendus par des arbitres nommés en exécution de la loi du 12 brumaire , an 2.

NOTICE ET MOTIFS.

Le premier jugement avoit admis Rose Blaise à prouver que Jean-Nicolas , né hors mariage , étoit fils de Jean-Baptiste Simon , et que celui-ci avoit donné des soins et actes de paternité et sans interruption , tant à l'entretien qu'à l'éducation de l'enfant.

Les arbitres avouoient dans le second jugement que la preuve n'étoit pas d'une entière évidence , et cependant ils avoient admis l'enfant à succéder , parce qu'il résultoit de la même enquête et de la notoriété publique que Jean-Baptiste Simon étoit le père de cet enfant.

Même contravention qu'au n°. XV.

N°. LXXXIII. Du 27 messidor.

Annullation , sur la demande de François Roussel et consorts , Prevost , d'un jugement du tribunal du district d'Amiens , du 22 prairial , an 2.

NOTICE ET MOTIFS.

Le ministère public n'avoit pas été entendu dans une cause qui intéressoit des femmes mariées.

Même contravention qu'au n°. VI.

De plus, le jugement attaqué avoit déclaré la prescription de vingt ans entre présens , autorisée par la coutume d'Artois, qui régissoit les parties acquises, dans une cause où il y avoit des mineurs, et contre des personnes qui ne pouvoient agir , étant obligées d'attendre l'expiration de la jouissance de leurs père et mère décédés seulement quatre années avant l'action qui avoit été intentée , et en cela il y avoit fausse application de la loi sur les prescriptions.

N°. LXXXIV. Du 27 messidor.

Annullation, sur la demande de Anne-Etienne-Louis Gaussart, Nicolas-François Hermenel et Marie-Valentine Gaussart son épouse, Nicolas Lemaître et Jeanne-Julie Gaussart son épouse, Marguerite Bertrand, veuve de Louis-François Agnus, contre Nicolas Lepiet et Constance Tonnellier son épouse, des jugemens du tribunal du district de Reims, des 12 août et 7 octobre 1793.

NOTICE ET MOTIFS.

Le ministère public n'avoit pas été entendu dans une cause qui intéressoit les femmes mariées.

Même contravention qu'au n°. XVI.

N°. LXXXV. Du 27 messidor.

Annullation, sur la demande de Merlin contre Algéard-Marc Ailhaud, d'un jugement du tribunal du district de Saint-Maximin, du 14 floréal, an 2.

NOTICE ET MOTIFS.

Ce jugement avoit confirmé une saisie faite en vertu d'un arrêt par défaut du ci-devant Grand-Conseil, du 13 janvier 1787, tandis que cet arrêt avoit été rapporté par une délibération de la communauté des procureurs de cette cour, comme irrégulièrement obtenu, et avoit été suivi d'un arrêté contradictoire du 6 juin suivant, qui avoit prononcé définitivement sur les contestations, et qui avoit été maintenu par le tribunal de cassation, sur l'attaque qui lui avoit été livrée par Ailhaud.

Contravention, en ce que le tribunal de Saint-Maximin avoit, par son jugement, rendu sans effet le dernier arrêt du Grand-Conseil, 1°. à l'art. 5 du tit. 27 de l'ordonnance de 1667, qui porte : « Les sentences et jugemens qui doivent passer en force » de chose jugée, sont ceux rendus en dernier ressort.

2°. A l'art. 1er. du tit. 35, qui porte : « Que les arrêts et » jugemens en dernier ressort ne pourront être rétractés que par » lettres en forme de requête civile, à l'égard de ceux qui y auront » été parties, ou duement appelés, et de leurs héritiers, suc- » cesseurs ou ayant cause. »

N°. LXXXVI.

N°. LXXXVI. Du 11 thermidor.

Annullation, sur la demande de Pestres contre Albert-Louis-Aymar Lefournier Wargemont, d'un jugement du sixième arrondissement de Paris, du 23 floréal, an 2.

NOTICE ET MOTIFS.

Le jugement attaqué avoit reçu le commissaire national opposant à un arrêt du ci devant parlement de Paris, du 8 août 1780, qui ordonnoit l'exécution de deux autres arrêts, des 28 avril 1778 et 23 janvier 1779, lesquels conféroient à la femme Wargemont, mariée et domiciliée en Brabant, la libre administration de ses biens. Il avoit aussi reçu, tant le commissaire national, que Wargemont lui même, opposant à un autre arrêt de la même cour, du 5 février 1781, portant enregistrement de lettres-patentes dérogatoires aux dispositions des actes anti-nuptiaux passés entre le mari et la femme, et confirmatives d'une sentence de séparation de corps, rendue sur la demande de Wargemont lui même en l'officialité de Malines. Par suite de ces oppositions ce jugement anéantissoit les lettres-patentes, ainsi que tout ce qui avoit précédé et suivi, et faisoit revivre les dispositions du contrat de mariage, nonobstant des arrangemens contraires pris par les parties.

Le motif de l'annullation des lettres-patentes étoit pris de la loi du 20 septembre 1793, dont les articles 2 et 3 sont ainsi conçus : « Les lettres patentes accordées dans des cas particuliers, » enregistrées aux ci-devant parlemens, ou autres cours supé- » rieures, sans opposition, ou discussion préalable;

» Les arrêts de propre mouvement et autres du ci devant conseil, » sans partie présente, ou duement appelée, et sans mention de » pièces originales et production de procès, ne peuvent en au- » cuns cas être valablement opposés à ceux contre qui ils ont » été obtenus,

» Les personnes qui ont essuyé des condamnations en vertu » de ces lettres-patentes et arrêts, ont le droit de se pourvoir » contre les jugemens qui les ont prononcées dans les délais fixés » par la loi. »

Fausse application de cette loi, en ce que : 1°. les lettres-patentes annullées, au lieu d'avoir été obtenues contre Wargemont, avoient au contraire été accordées de son consentement exprès, et conformément à une transaction par lui volontairement souscrite; 2°. en ce qu'aucune condamnation n'étoit intervenue contre lui en exécution de ces lettres-patentes.

Contravention en ce que ce jugement avoit reçu le commissaire national opposant à l'arrêt du 8 août 1780, qui porte

Etat des jugemens de cassation. I

» civil les commissaires du roi exerceront leur ministère , *non par*
» *voie d'action* , mais seulement par voie de réquisition , dans les
» procès dont les juges auront été saisis. »

3°. Contravention, en ce qu'il ordonnoit l'exécution du contrat de mariage au préjudice d'une transaction du 13 juillet 1780 , qui n'étoit arguée de dol , ni de fraude.

A l'ordonnance de 1560, qui s'exprime ainsi qu'il suit : « Con-
» firmons et autorisons toutes transactions qui sont passées sans
» dol et force . . . . . Voulons et nous plaît que contre icelles
» nul ne soit reçu sous prétexte de lésion quelconque , mais que
» les juges à l'entrée du jugement , s'il n'y a autres choses alléguées
» contre icelles transactions , déboutent les impétrans et les dé-
» clarent non recevables. »

N°. LXXXVII. Du 13 thermidor.

Annullation , sur la demande de Mainemard contre Joseph-Ignace Mathieu , d'un jugement du tribunal du troisième arrondissement de Paris , du 21 nivose , an 3.

NOTICE ET MOTIFS.

1°. Il résulte du jugement attaqué, que les juges avoient délibéré à la chambre du conseil.

Même contravention qu'au N°. XLII.

2°. Un homme de loi avoit fait fonction de juge , lorsqu'il n'y avoit ni absence , ni empêchement de juge , ce qui étoit contraire à l'art. 2 de la loi du 29 août 1793 , qui s'exprime ainsi : « En
» cas d'absence ou d'empêchement de juges , les tribunaux sont
» autorisés à appeler des gradués assermentés , ou des hommes de
» lois , pour remplacer et concourir aux jugemens. »

N°. LXXXVIII. Du 13 thermidor.

Annullation , sur la demande de Pierre-Jacques Quesney contre le commissaire national , des jugemens de la police municipale de la commune de Bosquereau et du tribunal du district de Pont-Audemer , des 11 germinal et 13 messidor , an 2.

NOTICE ET MOTIFS.

» Quesney avoit été poursuivi devant le tribunal de police muni-
» cipale , pour contravention à la loi du 11 septembre 1793 , relative
» approvisionnement des marchés , quoique cette loi , ainsi que
» les relatives comme elles aux subsistances , indiquât que
» l'exécution en étoit confiée aux juges-de-paix : de là résultoit l'in-

compétence du tribunal de police municipale, et la nullité, tant des jugemens de première instance, que de celui d'appel pour ne l'avoir pas déclaré.

De plus, il contenoit que Quesney avoit fait la déclaration exigée par la loi du 11 septembre 1793, et cependant il avoit été condamné à restituer à sa commune cinquante boisseaux de bled, ce qui contient fausse application de cette loi, laquelle ne décerne des peines que contre ceux qui n'auroient pas fait de déclaration dans la huitaine, ou qui en auroient faites de frauduleuses; ce qu'on ne reprochoit pas à Quesney;

Enfin, Quesney avoit été condamné en des dépens qui excédoient ce qui auroit pu être exigé à titre de debuursés, ce qui étoit contraire à l'art. 9 de la loi du 3 brumaire, qui porte : « Il » sera statué dans tous les tribunaux et dans toutes les affaires, » sans aucuns frais. »

N°. LXXXIX. Du 19 thermidor.

Annullation, sur le réquisitoire du commissaire national, d'un jugement du tribunal d'Argentan, du 15 nivôse.

NOTICE ET MOTIFS.

Des juges d'Argentan, sans une demande formée contre la municipalité de Chambry, avoient révoqué les défenses faites par cette municipalité de continuer la construction d'un bâtiment commencé par un particulier, hors de l'alignement par elle donné.

Contravention, 1°. à l'art. 3 du tit. 11 de la loi du 24 août 1790, qui porte : « Les objets de police soumis à la vigilance » et à l'autorité des corps municipaux, sont tout ce qui intéresse » la sûreté et la commodité du passage dans les rues, quais, » places et voies publiques, etc. »

2°. A la seconde partie de l'art. 29 de la loi du 22 juillet 1791 sur l'organisation de la police municipale, ainsi conçu : « Sont également confirmés provisoirement les réglemens qui sub- » sistent, touchant la voierie, ainsi que ceux actuellement exis- » tans à l'égard de la construction des bâtimens, et relatifs à la » solidité et sûreté. »

No. XC. Du 19 thermidor.

Annullation, sur le réquisitoire du commissaire national, d'un jugement du tribunal du district de Saint-Jean-d'Angely, du 6 brumaire, an 3.

NOTICE ET MOTIFS.

Le tribunal de Saint-Jean-d'Angely, en infirmant un jugement du tribunal de Rochefort, avoit ordonné une preuve ; et pour faire cette preuve, ainsi que pour le jugement définitif, il avoit renvoyé pardevant d'autres juges que ceux qui avoient rendu le jugement dont étoit appel.

Contravention à l'art. 17 du tit. 2 de la loi du 24 août 1790, ainsi conçu : « L'ordre constitutionnel des juridictions ne pourra
» être troublé, ni les justiciables distraits de leurs juges naturels,
» par aucune commission, ni par d'autres attributions, ou évo-
» cations que celles qui seront déterminées par la loi. »

N°. XCI. Du 19 thermidor.

Annullation, sur la demande de Louis Courtier, Rose-Angé-lique Gilbert, sa femme, contre Barthélemy - François Rolland, d'un jugement du tribunal du premier arrondisse-ment de Paris, du 14 ventôse, an 3.

NOTICE ET MOTIFS.

Le jugement attaqué, en prononçant la déchéance du bail de la ferme de Marville, consenti par les ci-devant religieux de l'abbaye de Saint-Denis en faveur de Courtier, par le défaut de commu-nication du bail à l'acquéreur, l'avoit privé de la faculté de recueillir les fruits de la récolte pendante par les racines, ce qui étoit contraire aux lois des 28 germinal et premier messidor, an 2, qui accordent au fermier déchu la récolte prochaine.

N°. XCII. Du 19 thermidor.

Annullation, sur la demande de Joseph Galtier contre Louis Bouissy, d'un jugement du tribunal du district de Lacanne, du 2 vendémiaire, an 2.

NOTICE ET MOTIFS.

Le jugement attaqué étoit rendu par trois juges, et le com-missaire national faisant aussi fonctions de juge, ce qui est con-traire à l'article premier du titre 8 de la loi du 24 août 1790, qui porte que « les officiers du ministère public sont agens du

» pouvoir exécutif *auprès des tribunaux*; que leurs fonctions
» consistent à faire observer dans les jugemens et rendre les lois
» qui intéressent l'ordre général, et à faire exécuter les jugemens
» rendus ». D'où il suit qu'ils ne peuvent exercer les fonctions
judiciaires, ainsi que l'a plus particulièrement décidé le décret
d'ordre du jour du 24 messidor, an 3.

Au fond, le jugement attaqué avoit admis une demande en
rabattement de décret non précédée de consignation, ce qui étoit
contraire à l'art. 16 de la déclaration de 1724, qui porte : « Celui
» qui demandera le rabattement du décret, soit par demande
» principale ou par demande incidente, sera tenu, avant de
» pouvoir y être admis, de faire des offres réelles à l'adjudica-
» taire du prix total de l'adjudication; et si l'adjudicataire refuse
» de la recevoir, il sera tenu pareillement de consigner ledit
» prix au greffe de celle desdites cours où sa demande sera
» portée. »

N°. LXXIII. Du 24 thermidor.

*Annullation, sur la demande de François-Achille Dequehen,
Marie-Henriette Guilbert, sa femme, contre Louis Rohan,
de jugemens du tribunal du district d'Amiens, du 17 ventôse,
an 2, et 13 brumaire, an 3.*

NOTICE ET MOTIFS.

Le ministère public n'avoit pas été entendu dans une cause qui
intéressoit une femme mariée.

Même contravention qu'au n°. VI.

Le jugement du 17 ventôse avoit en outre admis à prouver que
la numération d'espèces énoncées dans un acte de vente du 13
juillet 1781 avoit eu lieu, *à la vue des notaire et témoins in-*
trumentaires, n'avoit été que fictive, et le jugement définitif avoit
statué d'après cette preuve, ce qui étoit contraire à l'art. 2 du tit.
20 de l'ordonnance de 1667, ainsi conçu : « et ne sera reçu aucune
» preuve par témoins contre et outre le contenu aux actes, ni
» sur ce qui seroit allégué avoir été dit avant, lors ou d'après ces
» actes, etc.

N°. XCXIV. Du 26 thermidor.

*Annullation, sur la demande de Catherine Dufour, veuve
Richer, contre Jean-Martin Richer, d'une décision du 6 frimaire, an 3, rendue par des arbitres nommés en exécution de
la loi du 17 nivôse.*

NOTICE ET MOTIFS.

Les arbitres avoient adjugé aux héritiers de Marie Catherine

Dufour, l'usufruit de la plus grande partie de ses biens immeubles, quoique leur contrat de mariage portât donation entre vifs de la part du mari à la femme de tous les meubles et de l'usufruit de la propriété des immeubles, et que le mari fût décédé sans enfans.

Contravention à l'art. 13 de la loi du 17 nivôse, qui porte : « les avantages singuliers et réciproques stipulés entre les époux » encore existans, soit par leur contrat de mariage, soit par des » actes postérieurs, ou qui se trouveroient établis dans certains » lieux par des coutumes, statuts ou usages, auront leur plein et » entier effet, nonobstant les dispositions de l'article premier, » auquel il est fait exception en ce point. »

N°. XCXV. Du 26 thermidor.

Annullation, sur la demande de Marie Avou, veuve Vial, Thérèse Gaubert, veuve Christophe, femme Gaubert, contre Joseph Mondit, d'un jugement du tribunal du district de Forcalquier, du 24 thermidor, an 3.

NOTICE ET MOTIFS.

Le jugement attaqué avoit reçu Anne Gaubert, à qui son père avoit fait donation de tous ses biens présens et à venir, par son contrat de mariage de 1767, à renoncer aux biens à venir, pour s'en tenir à ceux existans lors de la donation, quoiqu'à la mort de son père elle se fût emparée de tous les biens sans avoir fait inventaire, et qu'elle eût toujours agi comme donataire des biens présens et à venir ; ce qui étoit contraire, 1°. au droit romain, qui porte au livre 2. titre 19, §. 5 de l'institut. : « *Sed sive is,* » *cui abstinendi potestas est, immiscuerit se bonis hæreditatis,* » *sive extraneus cui de adeundâ hæreditate deliberare licet,* » *adierit, posteà relinquendæ hæreditatis facultatem non habet,* » *nisi minor sit viginti quinque annis.* »

2°. A l'art. 17 de l'ordonnance de 1731, qui porte : « Voulons » que les donations faites par contrat de mariage puissent com- » prendre, tant les biens à venir que les biens présens, en tout ou » en partie, auquel cas il sera au choix du donataire de prendre » les biens tels qu'ils se trouveront au décès du donateur, en payant » toutes les dettes et charges, même celles qui seroient posté- » rieures à la donation. »

Nº. XCVI. Du premier fructidor.

Annullation, sur la demande de Favove, Langlois, Nicolas et autres, tous menuisiers à Nantes, contre Évêque, Clouet, de Tourbé, Peyla et Praly, d'un jugement du tribunal du district de Nantes, du 9 fructidor, an 3.

NOTICE ET MOTIFS.

Ce jugement intervenu entre différens artistes de Nantes, prétendant droit à l'adjudication de portions de bois d'acajou compris sur la cargaison d'un navire anglais pris par les corsaires *le Neptune* et *le Républicain*, non-seulement ne contenoit point les noms, qualités et domiciles de tous ceux qui avoient part à la demande, mais encore ne désignoit pas le nombre de ceux au profit desquels il étoit rendu.

Ce qui étoit contraire à l'article 15 du titre 5 de la loi du 24 août 1790, ainsi conçu: « La rédaction des jugemens, tant sur » l'appel qu'en première instance, contiendra quatre parties dis- » tinctes: dans la première, les noms et qualités des parties se- » ront énoncés, etc. »

Nº. XCVII. Du 2 fructidor.

Annullation, sur la demande des frères Sorel, contre Dupray, d'un jugement du tribunal du district de Béziers, du 13 brumaire, an 3.

NOTICE ET MOTIFS.

Le jugement attaqué avoit admis, sans certificat préalable de conciliation, une demande en résiliation d'un marché pour la jouissance d'un moulin, ce qui étoit contraire à l'art. 2 du tit. 10 de la loi du 24 août 1790, qui porte *qu'il ne sera reçu aucune action principale, sans qu'il apparoisse du certificat du bureau de paix.*

Le même jugement avoit déclaré non recevable dans l'appel d'un jugement qui répétoit l'appellation d'un jugement par défaut, qui ordonnoit une visite d'experts, ce qui étoit une fausse application de la loi de brumaire, qui, en excluant par l'art. 6 les recours contre les jugemens interlocutoires, n'a pu comprendre dans ses dispositions un jugement qui statuoit définitivement sur la fin d'une opposition.

N°. XCVIII. Du 2 fructidor.

*Annullation, sur la demande de Marie Cazenus, femme Pujot,
contre Jeanne Lafont, veuve Pujot, d'un jugement du tribunal
du district de Tarbes, du 15 floréal, an 3.*

NOTICE ET MOTIFS.

Le ministère public n'avoit pas été entendu dans une cause qui
intéressoit une femme mariée.

Même contravention qu'au n°. VI.

N°. XCIX. Du 3 fructidor.

*Annullation, sur la demande de Claude Vincent contre Ducro,
d'un jugement du tribunal du district de Saint-Claude, du 15
vendémiaire, an 3.*

NOTICE ET MOTIFS.

Le jugement attaqué avoit admis la preuve d'une convention
verbale au-dessus de 100 liv., ce qui étoit contraire à l'art. 2
du tit. 20 de l'ordonnance de 1667, qui porte : « seront passés
» actes par-devant notaire, ou sous signature privée, de toutes
» choses excédant la somme ou valeur de 100 liv., même pour
» dépôt volontaire. »

N°. C. Du 3 fructidor.

*Annullation, sur la demande de Jean Mager contre Jacques
Latty et consorts, d'une décision du 4 prairial, an 2, rendue
par des arbitres nommés en exécution de la loi du 17 nivôse.*

NOTICE ET MOTIFS.

Il s'agissoit de la succession de Philippe Jacques Ducegst, décédé depuis la publication de la loi de nivôse. Les arbitres avoient
autorisé la retenue d'un sixième en faveur d'héritiers institués
par un testament de 1763, ce qui étoit contraire à l'art. 47 de la
loi du 22 ventôse, qui porte que, « si l'auteur de ces dispositions
» a survécu à la promulgation de la loi du 5 brumaire, n'en a
» pas fait une nouvelle, sa disposition est nulle et de nul effet,

N°. CI. Du 3 fructidor.

Annullation, sur la demande de Jean-Nicolas Taconnet, Nicolas Dutot, contre Jean-Dominique Villemin, des jugemens de la police correctionnelle de Clayes et du tribunal du district de Libremont, des 24 prairial et 23 fructidor, an 3.

NOTICE ET MOTIFS.

1°. Le tribunal de police correctionnelle avoit nommé un curateur à des mineurs poursuivis pour excès et voies de fait, et l'instruction avoit été continuée avec le curateur, qui avoit été cité seul, et avoit paru seul aux audiences; ce qui étoit contraire à toutes les lois énonçant la comparution personnelle des accusés, et notamment à l'art. 43 de la loi sur la police correctionnelle, qui veut que la personne même soit renvoyée à la police municipale, si l'affaire est de sa compétence, ou qu'il soit donné *un mandat d'arrêt*, ou que *la personne* soit retenue pour être jugée par la police correctionnelle, et à l'art. 58, qui porte que le prévenu sera entendu.

2°. Le jugement du tribunal de police correctionnelle étoit intervenu sur des informations écrites sans aucune instruction à l'audience, ce qui étoit contraire à l'art. 59 de la même loi, qui porte *que l'instruction se fera à l'audience, que le prévenu y sera interrogé, les témoins pour et contre entendus.*

3°. Le tribunal d'appel avoit contrevenu aux mêmes lois, en laissant subsister la procédure faite en la police correctionnelle.

N°. CII. Du 7 fructidor.

Annullation, sur le réquisitoire du commissaire national, d'un jugement de la troisième section de la police correctionnelle de Paris, du 11 germinal, et d'autre jugement du tribunal d'appel de la police correctionnelle du département de Paris, du 4 floréal, an 3.

NOTICE ET MOTIFS.

La troisième section du tribunal de police correctionnelle avoit pris connoissance d'une accusation contre un boulanger, pour avoir vendu nuitamment des pains sans cartes et au-dessus du prix fixé, et le tribunal d'appel avoit confirmé ce jugement.

Contravention à la loi du 19 vendémiaire, an 3, qui porte que » la troisième section auroit pour attribution le contentieux de la » police municipale »; — et à la loi du 14 ventôse suivant, qui porte, art. 4, « le tribunal de police correctionnelle est chargé de

» la poursuite et punition des délits dont il s'agit, et de l'exécution
» du présent décret. »

Au fond, le tribunal d'appel avoit modéré à 20 liv. une amende
de 500 liv. prononcée contre le boulanger par le jugement de première instance, ce qui étoit contraire à l'article premier du décret
du 14 ventôse, qui fixe l'amende à 500 liv., et n'autorise pas les
juges à la modérer.

Nº. CIII. Du 7 fructidor.

*Annullation, sur la demande de Jean-Marie Berchoux, contre
Françoise Micaller, veuve Dumas, d'un jugement rendu par
le tribunal du district de Mont-Brison, du 18 messidor,
an 2.*

NOTICE ET MOTIFS.

Le jugement attaqué, en confirmant un jugement par défaut
du tribunal du district de Lyon, avoit fait droit sur l'opposition
à une sentence d'adjudication de 1767, rendue en faveur de Jean-
Marie Berchoux, fils du poursuivant, quoique cette sentence eût
été rendue contradictoirement, et qu'elle eût été suivie des acquies-
cemens les plus formels, ce qui étoit contraire, 1°. à l'art. 5 du
titre 27 de l'ordonnance de 1667, qui porte, « que les sentences
» et jugemens qui doivent passer en force de chose jugée sont
» ceux auxquels les parties ont formellement acquiescé; » 2°. à
l'art. 2 du tit. 35 de l'ordonnance de 1667, qui ne permet de se
pourvoir par opposition que contre les arrêts et jugemens dans
lesquels on aura été partie, ou duement appelé.

Nº. CIV. Du 7 fructidor.

*Annullation, sur la demande de Benoît Mauger contre Jean-
Baptiste de Saint Jean et Jeanne Servière sa veuve, d'un
jugement du tribunal du district de la campagne de Lyon,
du 6 brumaire, an 3.*

NOTICE ET MOTIFS.

Le jugement attaqué avoit admis l'exercice d'une espèce de
retrait dont l'effet étoit d'autoriser le cohéritier à retirer des
mains de l'étranger à qui il avoit été fait cession par un autre
cohéritier, la portion cédée, en lui remboursant toutes les sommes
par lui payées; ce qui étoit contraire aux loix des 2 et 30 septembre 1792, portant suppression des retraits lignagers, de demi-
deniers, féodal, censuel et autres, et à celui du 19 floréal, an 2,
qui supprime nominativement le retrait dont il s'agit, sous la
désignation de retrait de convenance ou successionnal.

N°. CV. Du 8 fructidor.

Annullation, sur la demande de Marie-Marguerite Dubasquel, femme Mont-Millon, et consorts, contre Alexis Ablin, d'un jugement rendu par le tribunal du district de Saint-Jean d'Angely, du 12 messidor, an 2.

NOTICE ET MOTIFS.

Le commissaire national n'avoit pas été entendu dans une cause qui interessoit une femme mariée.

Même contravention qu'au N°. VI.

De plus, le jugement attaqué avoit rejeté l'action en restitution des héritiers de la femme, contre la vente faite par le mari pendant leur minorité, d'une propriété appartenant à leur mère, ce qui étoit contraire et à l'ordonnance de 1539, et à la coutume de Saint-Jean d'Angely.

N°. CVI. Du 8 fructidor.

Annullation, sur la demande de Nicolas Mager contre Jean Mager et consorts, héritiers de Jeanne-Catherine Mathise, d'une décision du 23 frimaire, an 3, rendue par des arbitres nommés en exécution de la loi du 17 nivôse.

NOTICE ET MOTIFS.

L'article premier, titre 2 de la coutume de Lorraine, attribue au survivant des deux époux *les meubles et choses réputées meubles*, à la charge des dettes personnelles contractées tant avant que depuis le mariage.

L'art. 13 de la loi du 17 nivôse confirme les avantages singuliers ou réciproques stipulés entre les époux encore existans, ou qui se trouveroient établis dans certains lieux par les coutumes, statuts ou usages.

Dans l'espèce, les arbitres avoient ordonné le partage d'un fonds de boutique et des fonds de caisse, ce qui tendoit à priver le survivant *des meubles et choses réputées meubles*, contre le texte de la coutume et la loi du 17 nivôse.

N°. CVII. Du 8 fructidor.

Annullation, sur la demande de William Ris contre François-Victor Moreau, d'un jugement du tribunal du district de Lille, du 3 fructidor, an 2.

NOTICE ET MOTIFS.

William Ris ayant succombé dans une demande formée contre Martin Varlet à fin de délivrance d'une quantité de poil de chameau provenant de la cargaison d'un navire anglais, sous prétexte qu'il devoit s'adresser à Moreau et non à Varlet, qui n'étoit que son commissionnaire, s'étant pourvu ensuite contre Moreau, avoit succombé de nouveau, parce que l'on considéra alors Martin Varlet comme ayant agi pour son compte, et non comme commissionnaire.

Ces deux jugemens, émanés de deux tribunaux différens, présentoient une contrariété qui, suivant l'article 34 du titre 35 de l'ordonnance de 1667, devoit opérer l'annullation du dernier; et de plus, les parties avoient acquiescé respectivement au premier jugement qui avoit fixé leurs qualités, et sous ce rapport il y avoit contravention à l'article 6 du titre 27 de la même ordonnance, qui porte que les sentences et jugemens qui doivent passer en force de chose jugée, sont ceux auxquels les parties ont formellement acquiescé.

N°. CVIII. Du 9 fructidor.

Annullation, sur la demande de Garrigue, veuve de Manus... Dupin Sainte-Claire, femme Sales, ... Mazart-Alyeal, contre Catherine Vignar, femme de Silvestre Monville, et Jean-Pierre et Louis Rener, d'un jugement rendu par le tribunal du district de Cahors, le 23 floréal, an deuxième.

NOTICE ET MOTIFS.

Le jugement attaqué avoit statué en premier et dernier ressort sur la demande en délaissement d'un fond, dont la valeur n'étoit déterminée ni en rente ni par prix de bail.

Même contravention qu'au n°. V.

N°. CIX. Du 22 fructidor.

Annullation, sur la demande de Jules-Sébastien Gautier contre Jacques-François-Marie Robert, d'un jugement du tribunal du district d'Egalité-sur-Marne, du 9 vendémiaire, an troisième.

NOTICE ET MOTIFS.

Gauthier avoit été déclaré déchu du bail de la ferme de Mont-Soulin, faisant partie du prieuré de Grand-Champ, fait devant notaire, avant le 2 novembre 1789, à Leprince, son cédant, et dont celui-ci avoit fait sa déclaration au secrétariat du district.

Contravention à l'article 9 du titre premier de la loi du 14 mai 1790, ainsi conçu : « Les baux à ferme ou à loyer desdits biens, » qui ont été faits légitimement, et qui auront une date certaine » et authentique, antérieure au 2 novembre 1789, seront exécu- » tés suivant leur forme et teneur, sans que les acquéreurs puis- » sent expulser les fermiers, même sous l'offre de l'indemnité de » droit et d'usage. »

N°. CX. Du 22 fructidor.

Annullation, sur la demande de Jean-Baptiste Ducruzel contre Jean-Baptiste Sanclo, d'un jugement du tribunal du district de Blois, du 4 nivôse, an troisième.

NOTICE ET MOTIFS.

1°. Les juges de Blois avoient pris connoissance de la validité d'une adjudication de biens nationaux, ce qui étoit contraire à l'article 2, titre 8 de la loi du 6 novembre 1790, qui ordonne la vente des biens nationaux, et en confie l'administration aux corps administratifs.

2°. Ils avoient autorisé, de la part du commissaire national, l'exercice d'une action, en annullant sur sa demande l'adjudication dont il s'agit, ce qui étoit contraire à l'art. 2, titre 8 de la loi d'août 1790, qui interdisoit la voie d'action au commissaire national.

N°. CXI. Du 23 fructidor.

Annullation, sur la demande de Claude-François et Jean-Claude Saillard, père et fils, contre le commissaire national, de jugement du tribunal du district de Pontarlier, des 16 prairial, 24 messidor et 4 thermidor, an deuxième, et de la police correctionnelle du canton de Ville-neuve d'Amont, des 15 et 29 septembre 1793.

NOTICE ET MOTIFS.

Le tribunal de police correctionnelle avoit pris connoissance de délits commis dans les bois dépendans du domaine de Lachaux, devenu national par l'émigration du propriétaire, et le tribunal du district avoit confirmé les jugemens de la police correctionnelle.

Contravention aux art. 1 et 2 du titre 9 de la loi du 15 septembre 1791, conçus en ces termes :

Art. 1er. « La poursuite des délits et malversations, commis dans » les bois nationaux, et les contraventions aux lois forestières, sera » faite au nom et par les agens de la conservation générale.

» Les actions seront portées immédiatement devant les tribunaux » de district de la situation des bois. »

N°. CXII. Du 23 fructidor.

Annullation, sur la demande de Pierre Joudioux, Marguerite Gimaret son épouse, Antoine Gimaret, contre Claude-Odille-Joseph Bazond, ancien notaire à Lyon, d'un jugement du tribunal du district de Montbrison, du 28 brumaire, an troisième.

NOTICE ET MOTIFS.

Le jugement attaqué avoit confirmé des sentences de la sénéchaussée de Lyon et de celle de Ville-Franche, rendues contre le tuteur de la femme Joudioux, et d'Antoine Gimaret son frère, quoique les enfans Gimaret eussent fait notifier les lettres d'émancipation par eux obtenues, et d'après lesquelles l'instruction devoit être continuée avec eux.

Violation du titre intitulé des ajournemens de l'ordonnance de 1667, qui suppose la nécessité des citations aux personnes intéressées pour l'introduction des instances ou procès.

Nº. CXIII. Du 27 fructidor.

Annullation, sur la demande de Jacques-Louis Bretignères, Joudrain et Labadit, syndic et directeurs des créanciers unis de Jean Bertrand, contre Jacquillée, curateur à la succession vacante dudit Bertrand, d'un jugement rendu par le tribunal du quatrième arrondissement de Paris, le 16 frimaire, an troisième.

NOTICE ET MOTIFS.

Ce jugement avoit confirmé deux sentences du Châtelet des 14 décembre 1785 et 14 janvier 1786, dont l'une rendue sur un simple référé, renvoyé à l'audience, et sans nouvelle assignation, condamnoit feu Bretignières, représenté par Jacques-Louis Bretignières, au paiement d'une somme de 6000 livres, et l'autre de celle de 397,128 livres, pour travaux de maçonnerie, sommes tout à fait différentes de celles portées par les conventions faites entre les parties.

Contravention, en ce qui concernoit la confirmation de la première sentence, au titre entier des ajournemens de l'ordonnance de 1667, qui suppose la nécessité des citations pour l'introduction des instances.

Contravention, en ce qui concernoit la confirmation de la dernière sentence à l'ordonnance de 1537, parce qu'elle avoit rendu sans effet des traités qui n'étoient ni argués de nullité, ni attaqués sous prétexte de dol, fraude ou violence.

Nº. CXIV. Du 28 fructidor.

Annullation, sur la demande d'Éloi-Louis-Nicolas Morel, contre Jacques Lambrecht et consorts, héritiers de Jacqueline Lambrecht, femme Morel, d'un jugement arbitral, du 25 messidor, an deuxième, rendu en exécution de la loi du 17 nivôse, an deuxième.

NOTICE ET MOTIFS.

Les arbitres, au préjudice de la clause du contrat de mariage, qui donnoit au survivant l'usufruit de la moitié des biens de la communauté, avoient autorisé les héritiers de la femme Morel à vendre partie des biens de cette communauté, pour rembourser le mari du montant des dettes, dont il avoit fait l'avance, et dont la répétition ne pouvoit avoir lieu qu'après sa mort.

Contravention à l'article 14 de la loi du 17 nivôse, an deuxième, ainsi conçu : « Les avantages légalement stipulés entre époux, dont

» l'un est décédé avant le 14 juillet 1789, seront maintenus au pro-
» fit du survivant. A l'égard de tous autres avantages échus et re-
» cueillis postérieurement, ou qui pourront avoir lieu à l'avenir,
» soit qu'ils résultent des dispositions matrimoniales, soit qu'ils pro-
» viennent d'institutions, dons entre-vifs, ou legs faits par un mari
» à sa femme, *ou par une femme à son mari, ils obtiendront éga-*
» *lement leur effet, etc.* »

N°. CXV. Du 28 fructidor.

Annullation, sur la demande de Louis-François Desrue et con-
sorts contre les régisseurs des douanes, d'un jugement du tri-
bunal du district de Douay, du 28 brumaire, an deuxième.

NOTICE ET MOTIFS.

Il s'agissoit d'une action relative, non à une perception de droits
de douane, mais à une saisie et à une demande en confiscation, et
cependant l'affaire avoit été jugée en bureau, ce qui étoit contraire
à l'article 3 du titre 11 de la loi des 25 juillet, 2 et 6 août 1791,
qui porte « que l'on se conformera, *pour les actions concernant*
» *tous autres objets que la perception des droits, et notamment*
» *les saisies*, ainsi que pour les procédures extraordinaires, à
» ce qui est *ou sera prescrit par les lois générales.* »

N°. CXVI. Du 29 fructidor.

Annullation, sur la demande de François Charday, Jeanne
Renard sa femme, contre Nicolas Pellerin et Robert Bras-
sys, d'un jugement du tribunal du district de Pont-Lévêque,
du 22 vendémiaire, an 2.

NOTICE ET MOTIFS.

Le commissaire national n'avoit pas été entendu dans une cause
qui intéressoit une femme mariée.
Même contravention qu'au N°. VI.

N°. CXVI *bis*. Du 29 fructidor.

Annullation, sur le réquisitoire du commissaire national, d'un
jugement du tribunal du district de Carentan, séant à Périers,
du 27 brumaire, an 2.

NOTICE ET MOTIFS.

Le tribunal de Périers avoit refusé de connoître du fond d'une
contestation qui lui étoit dévolue par l'effet des exclusions des parties,

ties, après la cassation d'un jugement du tribunal d'Avranches, sur le fondement de ces mots, *dans le tribunal ordinaire qui avoit d'abord connu en dernier ressort*, insérés par erreur dans la rédaction de l'article 21 de la loi du 27 novembre 1790, portant organisation du tribunal de cassation.

Contravention à la loi du 14 avril 1791, qui a ordonné le retranchement de ces mots, pour ne laisser subsister que le surplus de l'article, qui établit la voie des actions après la cassation comme à l'égard des appels.

N°. CXVII. Du quatrième jour complémentaire.

Annullation, sur la demande de Nicolas Sagot contre Jean Chaune et Claude Péteau, d'un jugement du tribunal de commerce de Châlons-sur-Saone, du 11 messidor, an 2.

NOTICE ET MOTIFS.

Le tribunal de Commerce avoit statué en dernier ressort sur une demande à fin de paiement d'une somme de 11,480 liv.

Contravention à l'article 4 du titre 12 de la loi du 16 août 1790, ainsi conçu : « Les juges prononceront en dernier ressort sur toutes » les demandes dont l'objet n'excédera pas la valeur de 100 liv. »

Il avoit appliqué d'office la loi du *maximum* à un marché consommé long-temps avant la loi.

Fausse application de la loi du 19 septembre 1793, qui n'assujettit au *maximum* que les marchés non consommés par la livraison ou la mise en route des marchandises.

N°. CXVIII. Du quatrième jour complémentaire.

Annullation, sur la demande d'Yves-Marie Coignac, tuteur des enfans mineurs d'autre Yves-Marie Coignac, son frère, contre Charles Fonteneau, Louise Aumont sa femme, et consorts, d'un jugement du tribunal du district de Guingamp, du 19 vendémiaire, an 3.

NOTICE ET MOTIFS.

1°. Les juges avoient délibéré à la chambre du conseil, et étoient seulement rentrés à l'audience pour la prononciation du jugement.

Même contravention qu'au N°. XLII.

2°. Le commissaire national n'avoit pas été entendu, quoique la cause intéressât des mineurs.

Même contravention qu'au N°. VI.

Etat des jugemens de cassation.   K

N°. CXIX. Du 5 vendémiaire, an 4.

Annullation, sur la demande de Sylvestre contre Roquemont, d'un jugement du tribunal du troisième arrondissement de Paris, du 18 août 1793.

NOTICE ET MOTIFS.

Sylvestre, en sa qualité de curateur à l'interdiction de Dijon, avoit été autorisé, par une délibération de parens reçue devant un juge-de-paix, à rendre plainte contre Roquemont et autres, de dires et faits d'escroqueries qui avoient opéré la ruine de Dijon. Cette plainte avoit été suivie d'une procédure au premier tribunal criminel provisoire du département de Paris, sur laquelle étoit intervenu un décret de prise-de-corps contre Roquemont, qui en avoit interjetté appel au tribunal du troisième arrondissement. Sur cet appel étoit intervenu le jugement attaqué, qui avoit annullé toute la procédure, sur ce que l'avis des parens qui avoit autorisé Sylvestre, n'ayant pas été homologué par le tribunal du district du lieu, étoit nul d'après les dispositions des articles 11 du titre 3, et 4 du titre 4 de la loi du 24 août 1790.

Fausse application desdits deux articles, en ce que le juge-de-paix, en recevant cette délibération, n'avoit statué sur rien de contentieux, et que toute la procédure qui en avoit été la suite avoit été faite devant les juges qui en devoient connoître.

N°. CXX. Du 5 vendémiaire.

Annullation, sur la demande de Forêt et consorts contre autres Forêt, d'un jugement arbitral, du 11 brumaire, an 3.

NOTICE ET MOTIFS.

Le jugement attaqué avoit été rendu par un tiers arbitre, sans le concours de ceux qu'il devoit départir; ce qui étoit contraire à la disposition de l'article 54 de la loi du 17 nivôse, an 2, qui porte que les contestations qui pourront s'élever sur son exécution seront jugées *par des arbitres*;

Et au décret du 28 thermidor ensuivant, par lequel la Convention nationale a passé à l'ordre du jour, motivé sur ce qu'aucune loi n'autorise les tiers arbitres à prononcer seuls et sans le concours des arbitres divisés d'opinions.

Nº. CXXI. Du 3 vendémiaire.

Annullation, sur la demande de Nicole Baudemont contre Levilain, d'un jugement du tribunal du district de Pont-Audemer, du 10 vendémiaire de l'an 3.

NOTICE ET MOTIFS.

La femme Tasquier avoit pris à fief, conjointement avec son précédent mari, une partie de biens du nommé Guérane Dubois, moyennant une rente de 120 livres, avec clause que si son mari venoit à la prédécéder, elle auroit le droit d'en jouir, exclusivement à ses enfans et autres héritiers, en payant la rente.

Le cas prévu étant arrivé, une instance s'étoit engagée entre la femme Tasquier et Levilain, au tribunal de Bernay, qui avoit prononcé en faveur de la femme; et sur l'appel au tribunal de Pont-Audemer, étoit intervenu le jugement attaqué qui l'avoit déclarée non recevable dans sa demande, sur le fondement des art. 329, 330, 339 de la coutume de Normandie.

Fausse application desdits articles, en qu'il ne s'agissoit dans la cause, ni de conquêts libres et simples, ni de transport d'un conjoint à l'autre, mais de l'exécution de la stipulation d'une tierce-personne à laquelle lesdits articles n'avoient aucun rapport.

Nº. CXXII. Du 13 vendémiaire.

Annullation, sur la demande de Lapotaire et Vallée contre Bagot, d'un jugement du tribunal du district de Quimper, du 29 frimaire de l'an 3.

NOTICE ET MOTIFS.

Le jugement attaqué, rendu sur délibéré, condamnoit les demandeurs à restituer à Bagot des marchandises qu'il réclamoit, sinon la valeur, et de plus en 20,000 liv. de dommages et intérêts pour l'avoir fait mal-à-propos incarcérer, avec impression et affiche du jugement.

Il a été reconnu par l'examen des pièces du procès, qu'il n'y avoit point été nommé de rapporteur, ni indiqué de jour pour le rapport du délibéré, qui n'avoit même été fait que plus de trois mois après le jugement qui l'avoit ordonné; que les juges, après avoir déclaré, lors du rapport, qu'ils alloient se retirer à la chambre du conseil pour y délibérer, s'y étoient en effet retirés, et y avoient délibéré, et qu'étant ensuite rentrés à l'audience, ils avoient prononcé leur jugement sans opiner publiquement.

Même contravention qu'au Nº. XLII.

N°. CXXIII. Du 13 vendémiaire.

Annullation, sur la demande de la veuve Valabrèque contre les Valabrèque, d'un jugement arbitral, du 9 floréal, an 2.

NOTICE ET MOTIFS.

La veuve Valabrèque avoit été déclarée déchue de l'hérédité de son mari, décédé postérieurement au 14 juillet 1789, par un jugement arbitral, rendu conformément aux dispositions de la loi du 5 brumaire, an 2, et depuis elle avoit demandé la restitution de cette hérédité, en vertu de celle du 17 nivôse suivant, qui avoit abrogé ou modifié celle du 5 brumaire en ce qui concernoit la validité des dons faits entre époux.

Les arbitres nommés pour régler les parties sur cette nouvelle demande, y avoient déclaré cette veuve non recevable sur le fondement que, postérieurement à la publication de la loi du 17 nivôse, ayant été assignée pour le paiement d'une lettre-de-change souscrite par son mari, elle avoit déclaré qu'elle n'étoit point son héritière, et fait assigner les défendeurs en leurdite qualité d'héritiers, pour défendre à cette demande, ce que ces arbitres avoient regardé comme une répudiation de l'hérédité de son mari.

Contravention aux dispositions générales des lois romaines, notamment au §. dernier des institut. *de hæred. qualit. et different.* à la loi 19, ff. *de adquir. vel amitt. hæred.* et à la loi 21 *in princip.* et §. 2 *de eod.* suivant lesquels il n'y a de répudiation que lorsqu'il y a intention et volonté expresse de répudier une hérédité déférée, et que l'on sait être déférée ; circonstances qui ne se rencontroient point dans l'espèce proposée.

N°. CXXIV. Du 24 vendémiaire.

Annullation, sur la demande de Faverol contre Friboulet et consorts, d'une ordonnance d'un juge-de-paix, du 19 messidor, an 2, d'un jugement arbitral du 4 thermidor suivant.

NOTICE ET MOTIFS.

L'ordonnance du juge-de-paix étoit attaquée, 1°. en ce qu'elle avoit ordonné un arbitrage forcé, aux termes de la loi du 17 nivôse, quoiqu'il ne fût question que d'un droit de propriété réclamé par les défendeurs en qualité d'héritiers de Mathurin-Julien-Nicole, et qu'aux termes de l'art. 54 de cette loi, il n'y a que les contestations qui s'éleveroient sur son exécution qui doivent être jugées par des arbitres forcés.

2°. En ce que le juge-de-paix n'avoit pas même attendu le délai de huitaine accordé par l'art. 55 de la même loi.

N°. CXXV. Du 24 vendémiaire.

Annullation, sur la demande de Lefèvre contre Modeste, d'un jugement du tribunal du district de Vervins, du 14 vendémiaire, an 3.

NOTICE ET MOTIFS.

Le jugement attaqué avoit décidé qu'un appel interjeté de sentence rendue en matière de police correctionnelle dans la quinzaine de sa signification, mais qui n'avoit été relevé qu'après ce délai, n'étoit pas recevable, d'après la disposition de l'art. 61 de la loi du 22 juillet 1791 ; le demandeur soutenoit au contraire que la loi citée ne faisoit qu'indiquer par cet article le délai dans lequel l'appel devoit être interjeté, et ne contenoit aucune disposition sur celui dans lequel il devoit être relevé.

Fausse application de cet article qui s'exprime ainsi : « l'appel » sera porté au tribunal de district ; *il ne pourra être reçu* après les » quinze jours du jugement signifié.

N°. CXXVI. Du 24 vendémiaire.

Annullation, sur la demande de Sellier contre les frères Cautel, d'un jugement du tribunal du district de Caudebec, du 8 pluviôse, au 3.

NOTICE ET MOTIFS.

Les frères Cautel ayant été condamnés, par un jugement du tribunal de commerce de Rouen, au paiement d'une somme de vingt-cinq mille livres envers Sellier, en avoient interjeté appel avant le délai de huitaine prescrit par la loi, et s'en étoient ensuite départis ; ils en avoient interjeté un nouveau sur lequel ils avoient cité Sellier au tribunal de Caudebec : Sellier les y avoit soutenu non recevables, attendu qu'ils s'étoient pourvus avant le délai de huitaine, et que la déchéance par eux encourue ne pouvoit être couverte par leur désistement de ce premier appel, qui n'avoit pour objet que d'en interjeter un second. Le jugement attaqué avoit au contraire jugé que cette fin de non-recevoir n'étoit pas admissible, attendu que le second appel avoit été interjetté dans le temps permis par la loi.

Contravention à l'art. 14 du titre 5 de la loi du 16 août 1790, qui porte que : « Ces deux termes (savoir de huitaine et de trois » mois) sont de rigueur, et que leur inobservation emportera la » déchéance de l'appel. »

K 3

Nº. CXXVII. Du 26 vendémiaire.

Annullation, sur la demande de Leger contre les mariés Pommier, d'un jugement du tribunal du district de Nevers, du 13 prairial.

NOTICE ET MOTIFS.

Leger avoit été cité comme curateur à l'interdiction des biens de Jean Rateau son beau-frère, en reddition de compte de sa gestion devant un tribunal de famille formé à cet effet sur la demande de Pommier et de sa femme, et une décision de ce tribunal l'avoit condamné à rendre ce compte.

Appel de la part de Leger devant le tribunal du district de Moulins-la-République, qui étoit seul compétent pour en connoître. Mais sur une pétition présentée à Noël Pointe, représentant du peuple, alors en mission, expositive que la faveur des arbitrages exigeoit que l'appel n'en fût pas reçu, il rend un arrêté, portant renvoi de cette affaire au tribunal de Nevers, pour y être jugée en dernier ressort, suivant *la raison, la loi et la justice.*

Un premier jugement de ce tribunal condamne Leger par défaut ; il y forma opposition, sur laquelle intervint un second jugement ; et enfin un troisième, dont il demandoit la cassation sur le fondement de l'incompétence du tribunal qui l'avoit rendu.

Ce jugement a été cassé, 1º. parce que la loi du 29 fructidor, an 3, porte : « Sont déclarés nuls et comme non avenus tous arrêtés » des représentans du peuple en mission qui ont autorisé les tribu- » naux à juger en dernier ressort les affaires que la loi de leur ins- » titution ne leur donne pas le droit de juger de cette manière...... » En conséquence de quoi dans le délai d'un mois, à compter de la » publication de la présente loi, les parties intéressées pourront se » pourvoir contre les jugemens dont il s'agit, par les voies que la » loi détermine.

2º. Contravention à l'art. 17 du tit. 2 de la loi du 16 août 1790, qui porte : « L'ordre constitutionnel des juridictions ne pourra être » troublé, ni les justiciables distraits de leurs juges naturels par au- » cune commission, ni par d'autres attributions ou évocations, que » celles qui sont déterminées par la loi.

3º. A l'art. 14 du tit. 10 de la même loi qui porte : « La partie » qui se croira lésée par une décision arbitrale, pourra se pourvoir » par appel devant le tribunal du district qui prononcera en dernier » ressort. »

N°. CXXVIII. Du premier brumaire.

Annullation, sur la demande de Marie-Thérèse Villermoz contre les Janet, d'un jugement du tribunal du district de Saint-Claude, du 5 fructidor, an 3.

NOTICE ET MOTIFS.

Du premier mariage de la demanderesse, étoit né un enfant, mort depuis en bas-âge, dont la succession avoit fait l'objet d'un procès entre elle, sa mère et les défendeurs ses oncle et tante, sur lequel étoit intervenu en 1786 un jugement de première instance à son profit, confirmé sur l'appel par le tribunal de district de Poligny, substitué au ci-devant parlement de Besançon.

Les choses étoient en cet état lorsque les nouvelles lois sur les successions ont servi de motifs aux demandeurs pour provoquer l'établissement d'un tribunal de famille, à l'effet d'annuller les dispositions de ces deux jugemens. Le tribunal étoit formé : mais les arbitres étant divisés, un tiers avoit été nommé, qui, sans communiquer avec eux, avoit rendu un jugement favorable aux défendeurs.

Regis et sa femme s'étoient pourvus contre par appel au tribunal du district de Saint-Claude, qui avoit rendu le jugement attaqué.

Contravention, 1°. à l'article 12 du titre 10 de la loi du 24 août 1790, qui veut que les personnes comprises dans sa disposition soient tenues de nommer des arbitres devant lesquels elles éclairciront leurs défenses . . . . et rendront une décision motivée.

2°. Au décret du 28 thermidor, an 2, qui porte qu'aucune loi n'autorise les tiers arbitres à prononcer seuls et sans le concours des arbitres divisés d'opinions.

Ce jugement avoit en outre été rendu par quatre juges et un suppléant, dont la présence n'étoit pas nécessaire, ce qui emportoit contravention,

1°. A l'article 7 du titre 4 de la loi du 24 août 1790, qui porte « qu'en cas d'appel, les tribunaux pourront prononcer au nombre » de quatre juges; »

2°. A l'article 29 de celle du 27 mars 1791, qui porte que « les suppléans ne seront appelés par les tribunaux que dans le » cas où leur présence sera nécessaire à la validité du juge-» ment. »

N°. CXXIX. Du 2 brumaire.

Annullation, sur la demande de Déprés contre Dobaire, d'un jugement du tribunal du district d'Ernée, du 5 frimaire de l'an 3.

NOTICE ET MOTIFS.

Une prétention respective sur la propriété d'une ruelle qui séparoit les maisons des parties, ainsi que des droits de servitude, étoient au fond l'objet du procès sur lequel le jugement attaqué avoit statué en première instance et en dernier ressort, sans qu'il eût été fait aucune évaluation du revenu dont l'objet de ces prétentions pouvoit être susceptible, ni qu'elles eussent consenti en dernier ressort.

Même contravention qu'au n°. V.

N°. CXXX. Du 2 brumaire.

Annullation, sur le réquisitoire du commissaire exécutif, d'un jugement de police correctionnelle de Paris, du 2 germinal, an 2.

NOTICE ET MOTIFS.

Le jugement dénoncé avoit condamné Féhu et Bernard, savoir en 300 livres d'amende pour avoir fabriqué des savons avec du suif, et l'autre en 500 livres pour l'avoir vendu sur le carreau du marché; ce qui est défendu, porte ce jugement, par les arrêtés de la commune des 6 brumaire, 6 frimaire et 29 nivôse précédens.

Contravention à l'article 46 de la loi sur la police municipale, qui défend aux municipalités de faire aucuns réglemens, ni par conséquent d'établir aucunes peines afflictives ou pécuniaires à leur infraction, d'où il suit que le tribunal n'a pu voir dans le jugement attaqué, qu'un excès de pouvoir de la part des juges qui l'avoient rendu.

N°. CXXXI. Du 9 brumaire.

Annullation, sur la demande de la veuve Lemeilleur et son fils contre Pinet et consorts, d'un jugement du tribunal du district de Beauvois, du 8 germinal, an 3.

NOTICE ET MOTIFS.

Le défendeur avoit formé une demande en résiliation de bail d'un bien national dont ils s'étoient rendus adjudicataires, sur le fondement que la demanderesse ne l'avoit pas fait viser ni enregistrer dans le délai prescrit par la loi ; sur quoi le jugement attaqué avoit prononcé en faveur de Pinet et consorts ; mais quatre juges, et un suppléant de la présence duquel la nécessité n'étoit pas prouvée, avoient concouru à sa formation.

Même contravention qu'au n°. CXXVIII.

N°. CXXXI *bis*. Du 16 brumaire.

Annullation, sur la demande de Thomas George contre Anne et François, d'un jugement du tribunal de district de Thiers, du 7 thermidor, an 2.

NOTICE ET MOTIFS.

Sur une prétention formée par le demandeur, à l'effet d'obtenir le paiement en corps héréditaire d'une légitime qu'il avoit reçue de lui en argent, il avoit été formé un tribunal de famille, qui l'avoit déclaré non-recevable. Sur l'appel par lui interjetté de cette décision, étoit intervenu le jugement attaqué, dont il demandoit la cassation, sur ce que les juges qui l'avoient rendu n'avoient point délibéré à haute voix en public, mais dans la chambre du conseil, d'où ils étoient sortis pour prononcer seulement le résultat de leur délibéré.

Contravention à l'article 10 de la loi du 3 brumaire, an 2, qui veut « que les juges soient tenus de délibérer en public, et y opiner » à haute voix. »

N°. CXXXII. Du 22 brumaire.

Annullation, sur la demande des mariés Courtier contre Jeanne Renault, d'un jugement du tribunal d'Ernée, du 29 brumaire, an 3.

NOTICE ET MOTIFS.

L'objet du procès étoit la cession d'un bail faite par les défendeurs sans le consentement de la fille Renault, qui en avoit fait une clause expresse de la location. Le jugement attaqué en avoit en conséquence ordonné la résiliation ; mais le ministère public n'avoit point été entendu dans cette affaire, quoiqu'une femme mariée y fût intéressée.

Même contravention qu'au N°. VI.

N°. CXXXIII. Du 23 brumaire.

Annullation , sur la demande de Sévin contre les mariés de Villen , d'un jugement du tribunal du district de Doulens , du 11 frimaire , an 3.

NOTICE ET MOTIFS.

Le jugement attaqué, dont le fond avoit pour objet l'exercice d'une action en réméré , avoit non-seulement admis une opposition à un jugement en dernier ressort par défaut , formée après huitaine de la signification à domicile ; mais il avoit admis une seconde opposition au jugement qui avoit rejetté la première opposition à ce jugement par défaut.

Contravention à l'art. 3 du titre 35 de l'ordonnance de 1667 , qui permet de se pourvoir par opposition , pourvu que la requête soit donnée dans la huitaine.

N°. CXXXIV. Du 23 brumaire.

Annullation , sur la demande de Lucet contre les mariés Girard et Antoine Markleu , d'un jugement du tribunal de district de Die , du premier messidor de l'an 2.

NOTICE ET MOTIFS.

Le demandeur avoit été condamné par un juge-de-paix , sur une demande possessoire intentée contre lui par le défendeur. Il avoit interjetté appel de sa décision , et de plus il s'étoit permis des actes de violence contraires à ses dispositions , ce qui avoit donné lieu à une plainte suivie d'information et décret d'assigné pour être ouï.

Sur l'appel , il avoit été formé de nouvelles demandes , dont il n'avoit point été question en première instance , et le jugement attaqué y avoit fait droit , ainsi que sur la procédure criminelle dont on a parlé , qui n'avoit été suivie d'aucun jugement de première instance.

Contravention , 1°. à l'article 7 de la loi du 3 brumaire , qui porte , « qu'il ne sera formé en cause d'appel aucune nouvelle de- » mande , et que les juges ne pourront prononcer que sur les de- » mandes formées en première instance ; »

2°. A celle du premier mai 1790 , qui veut qu'il y ait deux degrés de jurisdiction en matière civile ;

3°. A l'article 5 du titre 4 de la loi du 16 août 1790 , qui n'ac- corde le premier et dernier ressort que dans les affaires dont l'objet principal sera de 50 liv. de revenu déterminé , soit en rente , soit par prix de bail.

N°. CXXXV. Du 4 frimaire.

Annullation, sur la demande de Valogne contre le commissaire exécutif, d'un jugement du tribunal de district de Bayeux, du 16 vendémiaire, an 3.

NOTICE ET MOTIFS.

Le demandeur avoit été condamné, par un jugement du tribunal de police municipale de Bayeux, à une amende et à la confiscation de sept boisseaux de bled, pour fausse déclaration.

Sur l'appel, un jugement avoit ordonné un délibéré, et nommé un rapporteur, mais sans indiquer le jour du rapport. L'affaire avoit été rapportée en exécution de ce premier jugement, mais en l'absence des parties; et les juges n'étant qu'au nombre de trois, avoient déclaré le demandeur non-recevable dans son appel, sur ce que la signification du jugement de première instance ayant été faite le 4, l'appel ne pouvoit pas être interjetté le 13, attendu qu'il s'étoit écoulé plus de huitaine.

Contravention, 1°. à l'article 10 de la loi du 3 brumaire, an 2, qui porte « que le jour du rapport sera indiqué, »

2°. A l'article 7 du titre 4 de la loi du 24 août 1790, qui porte « qu'en cause d'appel, les tribunaux prononceront au nombre de » quatre juges; »

3°. A l'article 14 du titre 2 de la même loi, qui veut « que tout » citoyen ait le droit de défendre lui-même sa cause verbalement » ou par écrit; »

4°. A l'article 40 du titre premier de la loi du mois de juillet 1791, qui « accordant le délai de huitaine pour interjetter appel » des jugemens de police municipale, n'a point fait exception à la » règle générale, *dies termini non computatur in termino.* »

N°. CXXXVI. Du 5 frimaire.

Annullation, sur la demande de George Bour contre Michel, d'un jugement du tribunal de district de Dieuze, du 23 germinal, an 2.

NOTICE ET MOTIFS.

Le jugement attaqué ne présentoit aucune question de fait ni de droit, ni de résultat de fait, et principalement aucun motif.

Même contravention qu'au n°. XXXIX.

Il étoit en outre question d'un refus fait par le demandeur d'accepter une tutele qui lui avoit été déférée par avis de parens assemblés devant le juge-de-paix, contre lequel il s'étoit pourvu

par voie de demande devant le tribunal de Dieuze , qui ne peu-
voit par conséquent y statuer qu'à la charge d'appel , et non en
dernier ressort , comme il l'avoit fait , sans le consentement des
parties.

Même contravention qu'au n°. V.

N°. CXXXVII. Du 13 frimaire.

*Annullation , sur la demande des mariés Bach contre Calveyrac ,
d'un jugement arbitral du 9 nivôse , an 3.*

NOTICE ET MOTIFS.

Vincent Calveyrac avoit eu de son premier mariage une fille
nommée Thomasse , et d'un second mariage deux autres enfans.
Thomasse étoit morte sans postérité ; et l'ouverture de sa succession avoit donné lieu à la formation d'un tribunal d'arbitres forcés ,
devant lequel Vincent Calveyrac avoit soutenu pour ses enfans que
la succession leur étoit entièrement dévolue à l'exclusion de la
femme Bach leur tante , qui soutenoit au contraire que les biens
maternels de sa nièce lui appartenoient.

D'après un partage d'opinion entre les arbitres , un tiers avoit été
nommé , qui , sans communiquer avec ceux-ci , n'avoit adjugé la
succession ni à la tante , ni aux frères , mais au père de la défunte ,
en vertu de l'article 69 de la loi du 17 nivôse , an 2 , expliquée ,
disoit-il , par la réponse 51e contenue dans le décret du 22 ventôse
suivant.

Contravention , 1°. à l'article 54 de la loi du 17 nivôse , qui
veut que les contestations de cette nature soient jugées *par des
arbitres* , et non par un seul ;

2°. Au décret du 18 thermidor , an 3 , qui contient la même
disposition.

Même contravention qu'au n°. III.

N°. CXXXVIII Du 18 frimaire.

*Annullation , sur la demande des mariés Foube contre Arnaud ,
Dufossé , et autres , d'un jugement du tribunal de district de
Berghes , du 19 ventôse , an 3.*

NOTICE ET MOTIFS.

La femme Foube avoit pris à bail , avant son premier mariage
avec Besquet , la ferme de Tournepuit , appartenant à Lauvernal ,
émigré , mais seulement par acte en brevet original . . . . . .
devant notaire. Cette ferme avoit été mise en vente par l'administration , et partagée à cet effet en quarante-sept lots , dont deux

avoient été acquis par les demandeurs, et sept autres par les défendeurs. Ces derniers avoient notifié leur acquisition aux demandeurs, et les avoient sommés de justifier de leur bail dans le délai de trois jours; et à défaut par eux d'y avoir satisfait, ils avoient formé contre eux une demande en résiliation et en indemnité de dégradations devant le tribunal de Calais.

Foube et sa femme avoient répondu ; 1°. que le délai accordé par la loi étoit de deux décades et non de trois jours ; 2°. que leurs adversaires n'étant pas les seuls qui eussent droit de former contre eux une pareille demande, puisque la totalité de la ferme avoit été divisée en quarante-sept lots, ils ne pouvoient être tenus de leur communiquer un titre original sous simple récépissé, et qu'ils l'avoient déposé chez un notaire, où les parties intéressées convenoient en avoir pris communication.

Le tribunal de Calais, convaincu de la justice de ces raisons, les avoit accueillies par un jugement dont les défenseurs avoient interjetté appel à celui de Berghes, où étoit intervenu le jugement attaqué, qui, ne regardant pas le dépôt du bail chez un notaire comme remplissant l'objet de la loi, avoit prononcé non seulement la résiliation demandée en première instance, mais encore la déchéance entière du bail, sans même que le commissaire national eût été entendu dans cette cause, où une femme mariée avoit intérêt.

Contravention, 1°. à l'art. 17 de la loi du 15 frimaire, an 2, qui ne prononce la déchéance qu'au profit de l'acquéreur seul, à qui la notification auroit été refusée ;

2°. A l'art. 7 de la loi du 3 brumaire, an 2, qui défend de former, en cause d'appel, aucune nouvelle demande, et aux juges d'y prononcer.

Même contravention qu'au N°. VI.

N°. CXXXIX. Du 19 frimaire.

Annullation, sur la demande des mariés Morand contre Charton, d'un jugement du tribunal criminel de Verdun, du 9 frimaire, an 3.

NOTICE ET MOTIFS.

Une dénégation d'écritures au bas d'une quittance de trois mille livres avoit donné lieu à une première et seconde vérifications par experts, en conséquence desquelles le tribunal de Stenay l'avoit tenu pour reconnue ; sur l'appel, le jugement attaqué avoit déclaré nulles les opérations des experts, et avoit ordonné une nouvelle vérification sur ce que les parties n'avoient été ni présentes, ni appelées à l'opération des experts, suivant l'article 5 du titre 12 de l'ordonnance de 1667.

Fausse application de l'article ci-dessus cité, et fausse supposi-
tion de la part des juges, qu'il faille que les parties soient présentes
ou appelées pour voir opérer les experts, cela n'étant ordonné ni
par les articles subséquens de la même loi, ni par celle de 1634, rendue sur la même matière.

N°. CXL. Du 19 frimaire.

*Annullation, sur la demande de Lebatteur contre Marie-Anne
Defpaut, d'un jugement arbitral, du 14 fructidor, an 2.*

NOTICE ET MOTIFS.

Louis Lebatteur avoit légué à sa femme tous ses meubles et effets
mobiliers sans autres charges que celles de droit. Louis son frère
étant devenu son héritier, articuloit des aliénations faites pendant
la durée du mariage, et en demandoit le remplacement sur les meubles légués, suivant la disposition des articles 65 et 107 du réglement de 1666, connu dans la ci-devant province de Normandie sous
le nom de *placée*; un arbitrage forcé avoit été formé à ce sujet
d'après les dispositions de la loi du 17 nivôse, et avoit rejeté sa
prétention.

Contravention auxdits articles, qui veulent « que le remploi des
» immeubles, que le mari ou la femme possédoient lors de leur ma-
» riage, soit fait sur les meubles qu'ils ont acquis, et, à faute d'ac-
» quêts immeubles, sur les meubles. »

N°. CXLI. Du 24 frimaire.

*Annullation, sur la demande de Bornainville et Martin contre
Roger, d'un jugement du tribunal de district de Louviers, du 6
floréal, an 3.*

NOTICE ET MOTIFS.

Les demandeurs avoient formé originairement une demande en
revendication de marchandises contre Roger, qui, d'une autre part,
se les étoit fait adjuger vis-à-vis d'un autre créancier, en vertu d'un
jugement qui avoit reçu son exécution, et dont il excipoit à leur
égard. Ils s'étoient en conséquence pourvus contre ce jugement par
la voie de la tierce opposition; mais le jugement attaqué les y avoit
déclarés non-recevables, sur ce qu'il avoit reçu son exécution.

Contravention à l'article 2 du titre 35 de l'ordonnance de 1667, qui,
en admettant la tierce opposition aux jugemens, ne fait aucune distinction entre les jugemens exécutés et ceux qui ne le sont pas, d'où il
suit que le jugement attaqué a supposé dans la loi une exception dont
elle ne parle point.

Nº. CXLII. Du 2 nivôse.

Annullation, sur la demande du citoyen Henri Larivière, député au Corps législatif, contre le citoyen Charles Pichard, d'un jugement du district de Bayeux, du 28 juillet 1792.

NOTICE ET MOTIFS.

Il s'agissoit de la revendication d'immeubles régis par la coutume de la ci-devant province de Normandie, vendus par un père en qualité de tuteur naturel de ses enfans.

Le réclamant, fils du vendeur, avoit été déclaré non-recevable et mal fondé.

La cassation a été fondée

1º. Sur une contravention à l'article 29 de la loi du 6 mars 1791, un suppléant avoit concouru au jugement, quoiqu'il y eût eu, sans lui, le nombre de quatre juges exigé par la loi;

2º. Sur ce que pour juger le réclamant non-recevable, il avoit fallu le préjuger héritier de son père, ce qui n'avoit pu avoir lieu sans violer l'article 235 de la coutume de Normandie, et l'article 43 des placités, qui ne réputent héritier que celui qui en a fait acte, ou en a pris la qualité;

3º. Sur la contravention aux articles 51, 52, 53, 54, 55 et 56 du réglement des recettes du 7 mars 1673, lesquels prescrivent pour l'aliénation des biens des mineurs différentes formalités, dont aucune n'avoit été observée.

Nº. CXLIII. Du 3 nivôse.

Annullation, sur la demande de Jean Pillard et Claudine Basset, sa femme, contre Marie Basset, femme séparée quant aux biens de Pierre Putin, d'un jugement rendu au district de Pont-de-Vaux, le 14 germinal, an 3.

NOTICE ET MOTIFS.

Par lequel Pillard et sa femme ont été déclarés non recevables dans leur réclamation contre un jugement du tribunal de famille, réclamation attaquant le jugement dans sa forme, en ce qu'il n'avoit été rendu que par deux arbitres.

La cassation est fondée sur ce motif, conformément à l'article 12 du titre 10 de la loi du 24 août 1790, suivant lequel le tribunal de famille ne peut exister que dans la réunion de quatre arbitres.

N°. CXLIV. Du 3 nivôse.

Annullation , sur la demande de Chriſtophe Godart-Rivocet , adjudicataire de biens nationaux , contre Louis-Nicolas Mo-quet , ſous-fermier desdits biens.

NOTICE ET MOTIFS.

D'un jugement rendu au district d'Egalité-sur-Marne , le 24 fruc-tidor , an 2 , par lequel il avoit été ordonné que le sous bail ci-devant consenti à Moquet auroit son exécution.

La cassation est fondée sur ce que Moquet n'avoit pas représenté et fait parapher son sous bail au secrétariat du district de la situation des biens , et sur ce qu'il n'avoit fourni aucune déclaration de sa jouissance ; ce à quoi il étoit soumis par les articles 37 et 38 du dé-cret des 6 et 11 août 1790 , sous peine d'être d'échu du droit de jouir ;

Et encore sur ce que Moquet n'avoit point communiqué son bail dans le délai de deux décades , après en avoir été sommé par Rivocet ; sommation à laquelle il étoit soumis à déférer , par l'article 17 de la loi du 18 frimaire , an 2 , sous peine de demeurer de plein droit dé-chu de son bail

N°. CXLVI. Du 7 nivôse.

Annullation , sur la demande de Claude-Joseph , Jean-Pierre , Joseph-Emmanuel et Simon Dumour-Vaillet , contre Marie-Hélène Reverchon , femme de Denis Lamy , Marie-Claudine Reverchon , femme d'Alexis Baud , d'un jugement du tribunal du district de Gex , du 26 frimaire , an 3.

NOTICE ET MOTIFS.

Il s'agissoit de la succession de Claude-Joseph Ganeval , mort le 16 janvier 1789 , et qui étoit de condition main-mortable ; le district de Gex avoit confirmé une sentence rendue le 4 février 1784 , entre les prétendans à cette succession.

La cassation est fondée sur ce que le tribunal de Gex , admettant l'existence d'une contestation sur la succession dont il s'agit , n'avoit dû la décider que suivant l'article 3 de la loi du 28 nivôse , an 2 , qui porte , « que dans le cas de successions de main-mortables , ouvertes » le 14 juillet 1789 , et respectivement auxquelles il existe des » procès antérieurement au 4 août suivant , lesdites successions se-» ront adjugées aux parens qui y étoient appelés , lors de leur ouver-» ture , par les lois , statuts ou coutumes observés entre personnes » non main-mortables.

N°. CXLVII.

Nº. CXLVII. Du 9 nivôse.

Annullation, sur la demande de Jean Orsal contre Jean Blanc, cessionnaire de Jean Monjaux, d'un jugement du tribunal du district de Séverac, rendu le 11 fructidor.

NOTICE ET MOTIFS.

Confirmatif d'autre jugement, par lequel Jean Blanc avoit été reçu opposant à un précédent jugement rendu au district de Saint-Genies, contre Jean Monjaux, son cédant, le 22 nivôse, an 2.

Les motifs de cassation sont que le jugement du 22 nivôse, an 2, est contradictoire, et que Jean Blanc est censé partie dans ce jugement, puisqu'il est aux droits de Jean Monjaux, contre lequel il a été rendu. Motifs fondés sur les art. 2 et 3 du titre 85 de l'ordonnance de 1667, dont l'un n'admet l'opposition simple que contre les jugemens par défaut, et l'autre n'admet la tierce-opposition qu'en faveur de ceux qui n'ont point été parties, ou duement appelés.

Nº. CXLVIII. Du 14 nivose.

Annullation, sur la demande de Magdeleine Bayle, femme de Jacques Massot et Marie Bayle, femme de François Coudert, contre Pierre Médaille, d'un jugement rendu au district de Carcassonne, le 19 fructidor, an 2.

NOTICE ET MOTIFS.

Par lesquels a été ordonné l'exécution d'un testament.

Le motif de cassation est qu'un suppléant avoit concouru avec quatre juges à rendre le jugement du 19 fructidor, ce qui est contravention à l'article 29 du décret du 26 mars 1791, qui porte que les suppléans ne seront appelés que dans le cas où leur assistance sera nécessaire.

Nº. CXLIX. Du 22 nivôse.

Annullation, sur la demande du citoyen Lebastard contre le citoyen Fontenillat, agent de la République, d'un jugement rendu au district de Caudebec, le 24 vendémiaire, an 3.

NOTICE ET MOTIFS.

Il s'agissoit de la mise en réquisition par Fontenillat de deux barils d'alun, le 4 germinal, an 2; le jugement de Caudebec avoit jugé la réquisition bien faite.

Le motif de cassation est que Fontenillat n'avoit point énoncé

État des jugemens de cassation. L

dans l'acte de réquisition l'ordre en vertu duquel elle avoit été ou dû être faite ; en sorte que le jugement qui l'a admise malgré cette omission , est en contravention avec l'art. 3 du décret du 24 pluviôse , an 2 , qui exige que les agens de la République citent dans les actes de réquisition les décrets , arrêtés ou délibérations qui les autorisent à exercer ce droit.

N°. CL. Du 22 nivôse.

Annullation , sur la demande de Jacques Gérad contre André Viguine et Marie - Victoire - Adélaïde Charnet , son épouse , d'un jugement rendu au district d'Annonay , le 8 nivôse , an 3.

NOTICE ET MOTIFS.

Ce jugement avoit déclaré Jacques Gérard non - recevable dans un appel , faute à lui de l'avoir relevé dans les trois mois de la signification du jugement appelé.

Le motif de cassation est que l'appel avoit été notifié dans le délai de l'art. 14 du tit. 5 de la loi du 24 août 1790 , et que cet article n'exige pas que l'appel soit relevé dans ledit délai , mais seulement notifié.

N°. CLI. Du 22 nivôse.

Annullation , sur la demande de Jean - François Treffens contre Jean Cavaillé , Pierre Caissac et Joseph Costat , d'un jugement rendu au district de Montauban , le 5 nivôse , an 3.

NOTICE ET MOTIFS.

Il s'agissoit d'une demande en rabattement de décret , qui suivant la loi du 17 germinal , an 2 , devoit être formée avant le premier vendémiaire , an 3.

Après des sommations extrajudiciaires , Treffens avoit cité ses adversaires devant le juge-de-paix , par exploit du deuxième jour complémentaire. Ce juge avoit rapporté , le quatrième jour complémentaire , un procès-verbal de non conciliation.

Les juges de Montauban ont rejeté la demande comme non recevable , attendu qu'elle n'avoit été portée devant eux qu'après le premier vendémiaire.

Le motif de cassation est la contravention à l'art. 6 du titre 10 de la loi du 16 août 1790 , qui porte , que la citation au bureau de paix aura l'effet d'interrompre la prescription , lorsqu'elle aura été suivie d'ajournement.

N°. CLII. Du 23 nivôse.

Annullation, sur la demande d'Etienne Moreau contre Antoine Longuet, d'un jugement rendu au district de Breteuil, le 14 germinal, an 3.

NOTICE ET MOTIFS.

Le commissaire national avoit concouru comme quatrième juge à rendre ce jugement.

Même contravention qu'au n°. XCXII.

N°. CLIII. Du 23 nivôse.

Annullation, sur la demande de Thomas Grisard contre Jean-Marie Martin et ses frères et sœurs, d'un jugement rendu au district de Marigny, le 14 nivôse, an 3.

NOTICE ET MOTIFS.

Il s'agissoit de la composition d'un tribunal de famille. Des arbitres avoient été nommés d'office pour Grisard ; celui-ci forma opposition à cette nomination et choisit d'autres arbitres. Les arbitres nommés d'office rejetèrent son opposition et la nomination des arbitres de son choix. Le tribunal de Marigny l'a déclaré non recevable dans l'appel de ce jugement, en le considérant comme un jugement préparatoire.

Le motif de cassation est la faussse application de l'article 6 de la loi du 3 brumaire, an 2, en ce que le jugement des arbitres n'étoit pas préparatoire, mais définitif sur la composition du tribunal de famille.

N°. CLIV. Du 23 nivôse.

Annullation, d'un jugement rendu au district de Sens, le 3 floréal, an 3, sur la dénonciation et le réquisitoire du commissaire du pouvoir exécutif.

NOTICE ET MOTIFS.

Le fait est que, Legrand, *étapier*, avoit mis en réquisition trois cents livres de foin ; le tribunal du district de Sens a pris connoissance de la contestation élevée sur la validité de cette réquisition, et a jugé que Legrand n'avoit pas qualité pour la faire.

Le motif de cassation est la contravention à l'article 13 du titre 2 du décret du 21 août 1790, qui défend toutes confusions de fonctions judiciaires avec les fonctions administratives , qui défend aux juges de troubler les opérations des corps administratifs , ni de citer devant eux les administrateurs, pour raison de leurs fonctions.

N°. CLV. Du 29 nivôse.

Annullation , sur la demande d'Antoine Boudinot contre Perraud , d'un jugement du tribunal de Corbeil , du 6 ventôse , an 3.

NOTICE ET MOTIFS.

Il étoit question au fond d'un bail de biens nationaux , et du droit que le fermier adjudicataire avoit conservé en revendant la propriété.

Un suppléant avoit été appelé , bien qu'il y eut quatre juges. Même contravention qu'au n°. CXLVIII.

N°. CLVI. Du 6 pluviôse.

Annullation, sur la demande des Mariés Roussel contre les mariés Albert , d'un jugement du tribunal de Thionville , du 19 germinal, an 3.

NOTICE ET MOTIFS.

Il s'agissoit d'un contrat de vente que les mariés Roussel avoient été condamnés à passer.

Le commissaire exécutif n'avoit pas été entendu.

Même contravention qu'au n°. VI.

Un suppléant avoit été appelé parmi les juges , lesquels étoient en nombre suffisant.

Même contravention qu'au n°. CXLVIII.

N°. CLVII. Du 6 pluviôse.

Annullation, sur la demande de Spitz les Kaufmann , d'un jugement du tribunal de Schelestat, du premier fructidor , an 2.

NOTICE ET MOTIFS.

Il s'agissoit de la validité d'une donation faite par deux actes de 1782 et 1785 , contre laquelle on ne faisoit valoir aucune objection prise de la loi du 17 nivôse, an 2, et cependant le jugement avoit renvoyé les parties à des arbitres forcés.

Fausse application de l'art. 54 de la loi du 17 niv se , qui n'est relatif qu'aux droits et aux affaires dépendant de cette loi.

N°. CLVIII. Du 11 pluviôse.

Annullation , sur la demande de Polliart contre David et autres , des jugemens du tribunal de Saint-Quentin , des 18 pluviôse et 18 ventôse , an 3.

NOTICE ET MOTIFS.

Il s'agissoit originairement de fermages. A l'audience , on avoit demandé la déchéance contre Polliart de son bail à ferme , s'agissant d'un bien national. Demande toute nouvelle non précédée de citation à conciliation.

Le tribunal de Saint-Quentin avoit confirmé la déchéance prononcée par celui de Vervins.

Contravention à l'article 2 du titre 10 de la loi d'août 1790 , qui veut que , « aucune action principale ne soit reçue . . . . » si le demandeur n'a pas donné copie du certificat du bureau » de paix , etc. »

N°. CLIX. Du 11 pluviôse.

Annullation , sur la demande d'Honoré Bérenger et autres contre Charles-Joseph Barrière et autres , d'un jugement du tribunal de Castellanne , du 22 vendémiaire , an 2.

NOTICE ET MOTIFS.

Il s'agissoit d'un bien national , et des sous-fermiers avoient été condamnés à abandonner , avant d'avoir perçu la récolte.

Contravention à l'art. 35 , loi du 3 juin 1793 ; à l'art. 6 de la loi du 15 frimaire , an 2 , et à celle du 28 germinal , qui assuroient la récolte aux sous-fermiers.

N°. CLX. Du 12 pluviôse.

Annullation , sur la demande de Louis Dubosc contre Moulard , des jugemens du tribunal du Havre , des 28 nivôse et 28 pluviôse , an 3.

NOTICE ET MOTIFS.

Il s'agissoit au fond de quelque prétendue usurpation de terrein.

Dubosc étoit appelant d'un jugement du juge-de-paix. Moulard avoit anticipé , sans citer à conciliation ; et faute de conciliation tentée , Dubosc avoit été déclaré non recevable par le premier jugement.

L 3

Il avoit ensuite cité à conciliation, ajourné devant le tribunal, et le second jugement l'avoit encore déclaré non recevable, sur le fondement que c'étoit chose jugée.

Fausse application de l'art. 21 de la loi du 27 mars 1791, qui n'exigeoit la citation à conciliation de la part de l'appelant, que lorsqu'il ajournoit.

Contravention à la loi du 24 germinal, an 2, article premier, qui vouloit que Moulard fût lui-même déclaré non recevable, faute d'avoir cité à conciliation avant d'anticiper.

N°. CLXI. Du 18 pluviôse.

Annullation, sur la demande des mariés Hybelot contre les Bordeaux, d'un jugement du tribunal d'Angoulême, du 29 fructidor, an 2.

NOTICE ET MOTIFS.

Il s'agissoit de liquidation de fruits restituables.

Le commissaire exécutif n'avoit pas été entendu, bien que la femme Hybelot fût partie.

Même contravention qu'au N°. VI.

N°. CLXII. Du 18 pluviôse.

Annullation, sur la demande de Malpeyre contre Bern, d'un jugement du tribunal de Figeac, du 11 fructidor, an 2.

NOTICE ET MOTIFS.

Il s'agissoit de vente de merreins, et il étoit demandé 2,500 L. le jugement étoit en premier et dernier ressort.

Même contravention qu'au n°. V.

N°. CLXIII. Du 19 pluviôse.

Annullation, sur la demande de la veuve Greze contre Lucs-reau, de jugemens du tribunal de Villefranche, des premier pluviôse et premier germinal, an 3.

NOTICE ET MOTIFS.

Il s'agissoit d'un rabattement de décrets. La demande avoit été accueillie, bien que non précédée d'offres réelles.

Contravention à l'art. 16 de la déclaration du 16 janvier 1736, qui veut que le demandeur en rabattement soit tenu, avant de pouvoir y être admis, de faire des offres réelles à l'adjudicataire, et à l'article premier du décret du 7 germinal, an 2, qui confirme cette déclaration.

N°. CLXIV. Du 15 pluviôse.

Annullation, sur la demande de Saigne contre Péjoine et Valade, d'un jugement du tribunal d'Uzerche, du 26 frimaire, an 3.

NOTICE ET MOTIFS.

Il s'agissoit d'un bien national dont Saigne étoit fermier; il avoit été condamné à déguerpir dans l'année, à dater de la sommation qui lui avoit été faite.

Contravention à l'art. 6 de la loi du 15 frimaire, an 2, qui vouloit que la résiliation n'eût lieu qu'après l'année de ferme qui suivoit celle dans le courant de laquelle la notification avoit été faite.

N°. CLXV. Du 26 pluviôse.

Annullation, sur la demande de Jean-Baptiste Germain et autres, contre les Faivre, d'un jugement arbitral, du 22 messidor, an 2.

NOTICE ET MOTIFS.

Il s'agissoit de la succession de Claudine Faivre, dont les arbitres avoient ordonné le partage par tête entre héritiers de divers degrés.

Contravention aux articles 77 et 83 de la loi du 17 nivôse, an 2, et à la loi du 22 ventôse, réponse cinquantième, suivant lesquels la représentation a lieu à l'infini. . . . . . . les successions se divisent en autant de parties qu'il y a de branches appelées, et chacun suit la condition de son auteur.

N°. CLXVI. Du 2 ventôse.

Annullation, sur la demande des mariés Valet contre les mariés Courant, d'un jugement du tribunal de Ruffecq, du 5 floréal, an 3.

NOTICE ET MOTIFS.

Il s'agissoit de revendication d'héritages de valeur non déterminées, et il avoit été jugé en premier et dernier ressort.

Même contravention qu'au n°. V.

Le commissaire exécutif n'avoit point été ouï pour la femme Valet.

Même contravention qu'au N°. VI.

L 4

Nº. CLXVII. Du 3 ventôse.

Annullation, sur la demande de Boau-Regnaud contre Gauthé, d'un jugement arbitral, du 9 nivôse, an 3.

NOTICE ET MOTIFS.

Il s'agissoit du réglement d'une communauté. On avoit nommé des arbitres de famille, et ceux-ci avoient jugé comme arbitres volontaires et sans appel.

Contravention à l'art. 14, tit. 15 de la loi d'août 1790, qui, à l'égard des arbitres de famille, veut que la partie qui se croira lésée par la décision arbitrale, puisse se pourvoir par appel.

Nº. CLXVIII. Du 3 ventôse.

Annullation, sur la demande de Noblot contre Millot et Rochet, d'un jugement du tribunal de Besançon, du 28 ventôse, an 3.

NOTICE ET MOTIFS.

Il s'agissoit de fermage et de prétendue non jouissance. Deux jugemens par défaut avoient été signifiés à Noblot le 25 nivôse ; il avoit formé opposition le 3 pluviôse, et il avoit été déclaré non recevable par le laps de la huitaine.

Contravention à l'art. 3, tit. 35 de l'ordonnance de 1667, qui veut que l'opposition soit formée dans la huitaine du jour de la signification ; et à l'art. 6, tit. 3, où il est dit, « que dans les » délais...... ne sont compris les jours des significations....., ni » les jours auxquels écherront les assignations. »

Nº. CLXIX. Du 3 ventôse.

Annullation, sur la demande des Marly contre Viger, d'un jugement du tribunal de Saint-Flour, du 14 ventôse, an 3.

NOTICE ET MOTIFS.

Il s'agissoit de droits successifs.

On avoit appelé un citoyen pour faire fonctions de juge, bien que le tribunal fût complet de quatre juges.

Même contravention qu'au nº. CXLVIII.

N. CLX. Du 5 ventôse.

Annullation, sur la demande de Lelong contre Barré, d'un jugement du tribunal de Rouen, du 5 prairial, an 2.

NOTICE ET MOTIFS.

Il s'agissoit d'une vente faite par un failly.
Il y avoit quatre juges, et l'on avoit appelé un suppléant.
Même contravention qu'au n°. CXLVIII.

N°. CLXI. Du 8 ventôse.

Annullation, sur la demande de Carbonneau contre la femme Caumont, d'un jugement arbitral, du 8 fructidor, an 2.

NOTICE ET MOTIFS.

Il s'agissoit d'une succession à laquelle Carbonneau, alors défenseur de la patrie et à l'armée, avoit intérêt. Il avoit été sommé, des arbitres avoient été nommés en son absence, et le juge-de-paix n'avoit averti ni lui, ni le ministre de la guerre, et l'agent national n'avoit pas convoqué sa famille pour lui nommer un curateur.

Contravention aux articles 1 et 2 de la loi du 11 ventôse, an 2, qui vouloient que le juge-de-paix l'avertît.... et instruisît le ministre de la guerre, et que l'agent national convoquât sa famille, à l'effet de lui nommer un curateur.

N°. CLXXII. Du 9 ventôse.

Annullation, sur la demande de Garroz contre les Dauxion, d'un jugement du présidial d'Auch, du 23 février 1782.

NOTICE ET MOTIFS.

Il s'agissoit d'une propriété. Une partie seulement de l'objet du procès avoit été estimée à 2000 liv., et le présidial n'avoit pas laissé à Garroz, même pour cette partie, l'option de payer les 2000 liv.

Contravention à l'édit d'août 1777, qui vouloit que tout l'objet de la demande fût restreint à 2000 liv. pour fixer la compétence présidiale, et que l'option de payer en deniers l'estimation, ou de laisser l'héritage, fût accordée.

N°. CLXXIII. Du 9 ventôse.

*Annullation, sur la demande des mariés Bourdillon contre l'hô-
pital de Saint-Germain, d'un jugement du tribunal du premier
arrondissement de Paris, du 7 brumaire, an 3.*

NOTICE ET MOTIFS.

Il s'agissoit d'un bail à ferme des droits que l'hôpital percevoit
des marchands, à raison de l'occupation sur la place d'espèces
nécessaires à la vente des denrées ; droit abrogé par l'art. 19 de la
loi du 28 mars 1790, où sont énoncés les droits à raison de l'ap-
port ou du dépôt des grains dans les foires, marchés, etc., et
dont les fermiers étoient autorisés par l'art. 37, à remettre leurs
baux, ce qui avoit été fait par les mariés Bourdillon, et cependant ils avoient été condamnés à payer les loyers.

Contravention à la loi citée.

N°. CLXXIV. Du 14 ventôse.

*Annullation, sur la demande des mariés Simon, contre Choffey
et autres, d'un jugement du tribunal de Luxeuil, du 30 août
1793.*

NOTICE ET MOTIFS.

Il s'agissoit de revendication d'héritages.

Un cinquième juge appelé pour vider un partage n'avoit entendu
ni les parties, ni le commissaire exécutif.

Même contravention qu'au N°. XIII.

N°. CLXXV. Du 14 ventôse.

*Annullation, sur la demande de Bonnefoi et Lindel contre
Faure, d'un jugement du tribunal de Villefranche, du 3 frimaire, an 3.*

NOTICE ET MOTIFS.

Il s'agissoit d'un ballot déposé à la messagerie et réclamé. Un
rapporteur avoit été nommé pour faire rapport le 6 frimaire, et l'on
avoit jugé le 3, en sorte que Bonnefoi et Lindel n'avoient pu se présenter pour faire leurs observations.

Contravention à l'art. 14, tit. 2 de la loi d'août 1790, selon lequel tout citoyen a droit de défendre sa cause.

Le commissaire exécutif avoit concouru comme juge.

Même contravention qu'au N°. XCXII.

Nº. CLXXVI. Du 14 ventôse.

*Annullation , sur la demande de Bissot contre les mariés Rou-
zet , des jugemens du tribunal de Nesle , des premier et 22 germinal , an 3.*

NOTICE ET MOTIFS.

Il s'agissoit de droits légitimaires.

Il y avoit eu jugement par défaut le 3 fructidor , an 3 , opposition , déboutement le 18 frimaire ; le 19 sursis au jugement du
18 ; le 27 , jugement qui levoit le sursis ; le premier germinal , jugement qui retractoit celui du 18 frimaire ; et le 22 , jugement qui
admettoit l'opposition à celui du 3 fructidor.

Contravention à l'art. 3 , tit. 35 de l'ordonnance de 1667 , qui
n'admet l'opposition aux jugemens par défaut que dans la huitaine ;

A l'article premier même titre , qui dit que les jugemens en dernier ressort ne peuvent être rétractés que par requête civile.

Nº. CLXXVII. Du 16 ventôse.

*Annullation , sur la demande de Berge contre Nottancourt et
autres , d'un arrêt du conseil du 8 juin 1784.*

NOTICE ET MOTIFS.

Il s'agissoit de l'engagement du domaine de Bettancourt.

Par un premier arrêt il y avoit eu condamnation à restituer les
fruits , depuis le 23 mars 1762. Par celui de 1784 , la restitution
n'étoit ordonnée qu'à partir du 26 mai 1766.

Contrariété d'arrêts, en même affaire , et entre mêmes parties.
Moyens de cassation dans l'espéce , selon l'art. 24 , titre de cassation du réglement de 1738.

Nº. CLXXVIII. Du 21 ventôse.

*Annullation , sur la demande de Décombet contre Dagony , d'un
jugement du tribunal de commerce , de Saint-Genies , du 6 ventôse , an 3.*

NOTICE ET MOTIFS.

Il s'agissoit de l'exécution d'un marché , dont l'objet n'avoit pas
une valeur déterminée ; et il avoit été jugé en premier et dernier
ressort.

Contravention à l'art. 4 , tit. 12 de la loi d'août 1790 , qui n'autorise les juges de commerce à juger en premier et dernier ressort ,
que lorsque l'objet n'excède pas la valeur de 1000 liv.

Nº. CLXXIX. Du 21 ventôse.

Annullation, sur le réquisitoire du commissaire du Directoire exécutif, d'un jugement du juge-de-paix de Varrier, du 23 floréal, an 3.

NOTICE ET MOTIFS.

Il s'agissoit d'indemnités pour fouilles dans une carrière par un entrepreneur de grandes routes. Le juge-de-paix avoit procédé à l'estimation, et condamné l'entrepreneur.

Contravention à l'art. 4, tit. 4 de la loi de septembre 1790, qui vouloit que cette difficulté fût portée d'abord par voie de conciliation, devant le directoire de district, et ensuite au directoire de département.

Nº. CLXXX. Du 21 ventôse.

Annullation, sur la demande de la veuve Gaudil contre Julien et Drevo, d'un jugement du tribunal de Saint-Marcellin, du premier nivôse, an 3.

NOTICE ET MOTIFS.

Il s'agissoit d'une propriété de valeur non déterminée, et le jugement étoit en premier et dernier ressort.

Même contravention qu'au Nº. V.

Nº. CLXXXI. Du 22 ventôse.

Annullation, sur le réquisitoire du commissaire du Directoire exécutif, d'un jugement du tribunal de Coutances, du 14 thermidor, an 2.

NOTICE ET MOTIFS.

Il s'agissoit de prétentions d'un adjudicataire national. L'administration de département avoit rejeté la réclamation, le tribunal de Coutances l'avoit adjugée.

Entreprise sur l'administration; contravention à l'art. 13, tit. 2 de la loi d'août 1790, selon lequel les juges ne peuvent........ troubler........ les opérations des corps administratifs.

Nº. CLXXXII. Du 22 ventôse.

Annullation, sur la demande des Girard contre Catherine Perrin, d'un jugement du tribunal d'Avignon, du 29 vendémiaire, an 3.

NOTICE ET MOTIFS.

Il s'agissoit d'alimens prétendus fournis à un enfant.

Un jugement arbitral, qui les avoit adjugés par défaut, avoit été signifié ailleurs qu'au domicile des Girard ; et comptant plus de trois mois depuis cette signification jusqu'à l'appel, on l'avoit déclaré non recevable.

Contravention à l'art. 14, tit. 5 de la loi d'août 1790, qui d'une part ne fait courir le délai de trois mois que du jour de la signification faite à personne ou domicile, et d'autre part ne parle que des jugemens contradictoires.

Nº. CLXXXIII. Du 22 ventôse.

Annullation, sur la demande des mariée Queste contre Bernouilly et Eurost, des jugemens du tribunal de Breteuil, des 21 thermidor, et 14 fructidor, an 3.

NOTICE ET MOTIFS.

Il s'agissoit d'un bail de biens nationaux.

Le commissaire exécutif n'avoit pas été ouï pour la femme Queste.

Même contravention qu'au Nº. VI.

Nº. CLXXXIV. Du 23 ventôse.

Annullation, sur la demande de Robin et Malherbe contre Jarry Deloge, des jugemens des 8 et 11 prairial, an 3, du tribunal d'Alençon.

NOTICE ET MOTIFS.

Il s'agissoit d'une action intentée contre des officiers municipaux, pour choses concernant leurs fonctions.

Contravention à l'art. 13, tit. 2, loi d'août 1790, qui défend aux juges de troubler les opérations des corps administratifs, et de citer devant eux les administrateurs pour raison de leurs fonctions.

N°. CLXXXV. Du 27 vent ôse.

Annullation, sur la demande de Bluteau contre les adminis-
trateurs de la commune de Versailles, d'un jugement du tri-
bunal de Versailles, du 26 prairial, an 3.

NOTICE ET MOTIFS.

Il s'agissoit de l'enlèvement des boues dont Bluteau étoit adjudicataire ; mais le 5 germinal il avoit obtenu le résiliement de son
bail.

Cependant il fut cité devant la police municipale pour défaut
d'enlèvement de boues. Il objecta l'incompétence sur ce qu'il s'a-
gissoit de la valeur des actes ; mais il fut condamné, et le jugement
fut confirmé.

Violation de l'art. 4, tit. 4 de la loi d'août 1790 , qui attribue
aux juges de district la connoissance de toutes les affaires, à l'exception de celles attribuées aux juges-de-paix, de commerce et de
police.

N°. CLXXXVI. Du 28 ventôse.

Annullation, sur la demande de Baron contre Dujeat, d'un
jugement du tribunal du troisième arrondissement de Paris, du
22 ventôse, an 3.

NOTICE ET MOTIFS.

Il s'agissoit de la vente d'une pièce d'eau-de-vie. Il y avoit eu
offre d'après le tarif du *maximum* ; jugement du premier nivôse ,
qui n'avoit été signifié que le 17, et cependant l'on avoit jugé les
offres suffisantes.

Contravention à la loi du 24 nivôse, expliquée par celles des 8
ventôse, 5 floréal, et premier fructidor , suivant lesquelles il faut,
pour que le prix demeure fixé au *maximum*, que le jugement ait
été signifié avant la loi du 4 nivôse. . . . . que les marchandises
aient été vendues, jaugées et payées en totalité avant la même loi. . . .
et que les offres sans consignation ne tiennent pas lieu de paiement.

N°. CLXXXVII. Du 29 ventôse.

Annullation, sur la demande de l'agent du trésor public contre
Busoel, des jugemens du tribunal de Pont-Audemer, des
23 brumaire et 9 frimaire, an 2.

NOTICE ET MOTIFS.

Il s'agissoit de sommes dues par Busoel, comme receveur de la loterie nationale. Le directeur de la loterie avoit été débouté du privilége qu'il prétendoit.

Contravention aux art. premier et 3 de l'édit de 1669, selon lesquels le fisc a la préférence aux créanciers des officiers ayant le maniement des deniers publics, notamment sur le prix des immeubles acquis depuis le maniement.

Les députés du tribunal de Cassation près le Conseil des Cinq-Cents, CHABROUD, GIRAUDET, BRUN, PAJON, VIELLART, BAILLY, COFFINHAL, BAZENERYE.

www.ingramcontent.com/pod-product-compliance
Ingram Content Group UK Ltd.
Pitfield, Milton Keynes, MK11 3LW, UK
UKHW022023170726
13837UKWH00001B/374